Joachim Scharfenberg
Christliche Identität

JOACHIM SCHARFENBERG

Christliche Identität

Predigten in Universitäts-
gottesdiensten

VANDENHOECK & RUPRECHT
IN GÖTTINGEN

CIP-Kurztitelaufnahme der Deutschen Bibliothek

Scharfenberg, Joachim
[Sammlung]
Christliche Identität : Predigten in Univ.-
Gottesdiensten. – Göttingen : Vandenhoeck und
Ruprecht, 1977.
(Göttinger Predigthefte ; 34)
ISBN 3-525-60348-7

Inhalt

Anstelle eines Vorwortes: Über die Funktionen der Universitätskirche heute*

Seit 1965 steht auf dem Campus der Christian-Albrechts-Universität zu Kiel eine eigene Universitätskirche, der das Amt eines Universitätspredigers zugeordnet ist, das seit hundert Jahren in der Regel durch den Lehrstuhlinhaber für das Fach Praktische Theologie wahrgenommen wird. In einer Zeit, in der die Wissenschaft sich freigekämpft hat von jeder Art Bevormundung durch Theologie und Kirche, in der die immer strengere Trennung von Staat und Kirche bereits verwirklicht oder doch gefordert wird, in der die Theologische Fakultät aus dem Mittelpunkt des Universitätslebens verschwunden ist und der Universitätsgottesdienst ganz und gar den Charakter einer zentralen Veranstaltung der Universität verloren hat, muß sich das Vorhandensein einer eigenen Universitätskirche sowie das Amt des Universitätspredigers die Frage gefallen lassen, ob sie nicht einen heute kaum zu verantwortenden Anachronismus darstellen. Wird nicht damit, so könnte gefragt werden, doch noch die Fiktion einer „christlichen Universität" aufrecht erhalten, die Erinnerung an die unselige Bindung von Thron und Altar auf versteckte Weise kultiviert, und sucht nicht die Kirche das, was ihr an Macht und Einfluß verlorenging, durch derartige Institutionen zu kompensieren?

Zunächst muß festgehalten werden, daß den Erbauern der Universitätskirche nichts ferner lag als die Demonstration einer prästabilierten Harmonie zwischen staatlicher Universität und Kirche. Im Gegenteil: bereits von der Architektur her entschieden sich die Initiatoren des Kirchenbaues – vorwiegend Professoren anderer Fakultäten als der Theologischen und interessierte Bürger der Stadt Kiel – für einen Entwurf, der deutlich einen Kontrast und Kontrapunkt zu den anderen Universitätsgebäuden zum Ausdruck bringen sollte. Diese Kirche auf dem Universitätsgelände sollte so etwas wie ein Skandalon werden, Ärgernis, Anstoß zur Auseinandersetzung, Anlaß zu kritischen Fragen an die Universität und ihre weitere Entwicklung. Der Bau einer Kirche auf dem Universitätskampus ist also eher Ausdruck eines Unbehagens über den Weg der Wissenschaft in einer säkularisierten Welt, tastende

---

* Aus der Zeitschrift „Christiana Albertina", Heft 15, Juni 1973, S. 15 ff.

Suche nach einem Gegenüber, einem kritischen Gesprächspartner angesichts der drängenden Fragen nach der Zukunft des Menschen in dieser unserer Welt. Freilich, es sieht nicht so aus, als ob die Institution eines Universitätsgottesdienstes diese Funktion gegenwärtig und in der nahen Zukunft übernehmen könne, und dies hat verschiedene Gründe.

Bestand noch in den Zeiten der Planung der Universitätskirche ein dringendes Bedürfnis für einen zentralen gottesdienstlichen Raum, da der allsonntägliche Hochschulgottesdienst unter beachtlicher Beteiligung der Studenten, Hochschullehrer und der umwohnenden Bevölkerung stattfand und unter ständiger Raumnot litt (er wurde nach 1945 anfänglich in einer Schul-Aula, in verschiedenen Universitätsinstituten und schließlich in der alten Mensa durchgeführt), so ist seit dem Bau der Universitätskirche der Gottesdienstbesuch spürbar zurückgegangen. Ich habe den Eindruck, daß man diese Tatsache jedoch falsch deuten würde, wenn man aus ihr auf das kontinuierliche Verschwinden der „religiösen Frage"aus dem öffentlichen Bewußtsein schließen würde. Im Gegenteil: Man kann doch nur den Eindruck gewinnen, daß die Wissenschaftsbereiche ständig zunehmen, in denen das menschliche unvoreingenommene Forschen an Grenzen stößt und unversehens vor der Sinnfrage steht, die traditionellerweise in der religiösen Überlieferung behandelt wurde. Allein der sonntägliche Gottesdienst scheint nicht mehr der einzige Ort zu sein, da christlich Interessierte ihre Fragen aufgenommen, ihr Engagement verwirklicht sehen und so ihre Vergewisserung im Glauben empfangen können. Hinzu kommt in der speziellen Kieler Situation, daß das Universitätsgelände am Rande der Stadt liegt, mit öffentlichen Verkehrsmitteln schlecht zu erreichen ist und die benachbarten evangelischen Gemeinden ihre im Krieg zerstörten Kirchen wieder aufbauen und ergänzen konnten. Wenn aber Gottesdienst und Predigt nach evangelischem Verständnis Funktionen der versammelten feiernden Gemeinde sind, diese Gemeinde aber bis auf Restbestände zusammengeschmolzen ist, dann muß sich ein Universitätsprediger fragen, welche Funktionen die ihm anvertraute Kirche und das ihm übertragene Amt in der Zukunft denn noch haben können.

Hochschulgemeinden in dem angedeuteten strengen Sinne hat es in der Vergangenheit eigentlich kaum gegeben. Hatten sich zunächst an der Universität in Analogie zu den Korporationen, aber in deutlicher Abgrenzung gegen sie, christliche Studentenverbindungen gebildet, so wurden diese erst durch den Druck der nationalsozialistischen Verfolgung zu „Gemeinden" zusammengeschmolzen, die auch nach dem 2. Weltkrieg die einmal gemachten Erfahrungen nicht wieder aufs Spiel setzen wollten und so das Modell der evangelischen und katholischen Studentengemeinden schufen, die lange Zeit Mittelpunkt der geistigen Auseinandersetzung und der Pflege eines intensiven Gemeinschaftsbewußtseins sein konnten. Die zunehmende Restauration im Nachkriegsdeutschland und die Entwicklung der Bundesrepublik zum „Wirtschaftswunderland" ließ vor allem in diesen Gemeinden die Frage nach dem spezifischen christlichen Engagement immer wieder aufbrechen, und es wurde gefunden in der Solidarität mit den Unterdrückten, Außenseitern, Unterprivilegierten. Als schließlich in den sechziger Jahren die Studenten selber ihre Situation in diesem Sinne zu interpretieren begannen, war dies das Ende einer selbstgenügsamen, die geistige Auseinandersetzung und die Gemeinschaft pflegenden und feiernden Studentengemeinde. Sie geriet unaufhaltsam in den Sog der Studentenbewegung mit ihrem oftmals recht kurzatmigen Aktionismus und verzichtete sicher vorschnell auf die traditionell gegebenen Möglichkeiten zu Sammlung, Besinnung, Meditation, Selbstvergewisserung und psychischer Stabilisierung.

Die Aufgabe, nach dem Abklingen der studentischen Unruhe einmal wieder Hochschulgemeinde zu sammeln, scheint deshalb unter Absehung von der geschichtlichen Entwicklung und ohne den ernsthaften Versuch, diese aufzuarbeiten, schwer vorstellbar. Der Universitätsprediger und der um die Universitätskirche sich sammelnde Arbeitskreis verfolgen deshalb folgende vorläufige Ziele:

1. Der christliche Gottesdienst stellt vorwiegend ein symbolisches Interaktionsgeschehen dar, bei dem es darauf ankommt, die überlieferten Symbole immer neu auszulegen und zu aktualisieren. Es kann nicht verleugnet werden, daß diese Symbole in der Gegenwart sehr viel von ihrer unmittelbaren Kommunikationskraft und Evidenz eingebüßt haben. Ein abschließendes Urteil darüber, ob bestimmte Symbole wirklich gestorben sind oder ob sie nur vorübergehend aus dem Bewußtsein geschwunden, also verdrängt sind, kann jedoch noch nicht gefällt werden. Es muß deshalb daran liegen, den traditionellen Gottesdienst in seiner geschichtlich gewordenen Gestalt zu erhalten in der Hoffnung, daß zur Zeit beinahe stumm gewordene Sinngebilde einmal wieder sprechen werden, wenn sie mit neuen, überraschenden Fragestellungen konfrontiert werden. So sammelt sich während des Semesters eine kleine gottesdienstliche Gemeinde sonntäglich um den mit Redlichkeit und Treue unternommenen Versuch der Theologieprofessoren und ihrer Mitarbeiter, die biblische Botschaft für unsere Zeit auszulegen und die Nöte unserer Zeit zu formulieren.

2. Daneben wird der Versuch gemacht, im vierzehntägigen Rhythmus in Abendveranstaltungen, die stets montags stattfinden, auf die besonderen Nöte und Probleme der Studentenschaft einzugehen und so ein Stück Aufarbeitung und Bewältigung der unmittelbaren Vergangenheit und Gegenwart

zu leisten. Die Themen und die Formen der Veranstaltungen sind dabei nicht traditionell vorgegeben. Hier liegt vielmehr der Schwerpunkt auf Aktualität und Experiment. Der einseitige Monologcharakter und der einseitige Informationsfluß sollen dabei aufgehoben werden zugunsten einer irgendwie gearteten Beteiligung der Versammelten im Sinne von Gespräch und gemeinsamem Tun in irgendeiner Form. Stets ist damit das Bemühen verbunden, die Problemstellungen der Gegenwart mit Elementen der Überlieferung zu konfrontieren und so fruchtbare und befreiende eigene Assoziationen zu ermöglichen. Der multimediale Charakter solcher Veranstaltungen, der vor allem der Musik einen breiten Raum einräumt, sollte vor allem über den kurzschlüssigen Aktionismus hinaus meditative Elemente zum Tragen bringen[1].

3. Darüber hinaus bleibt der von den Initiatoren der Kieler Universitätskirche ins Auge gefaßte Auftrag, kritischer Wegbegleiter der Universität und ihrer verschiedenen Wissenschaften zu sein. Dieser Funktion der Universitätskirche versuchten wir durch Vortragsveranstaltungen vor allem von nichttheologischen Wissenschaftlern gerecht zu werden, in denen Einzelprobleme der Wissenschaft im Lichte der christlichen Überlieferung untersucht wurden. Dieser Arbeitszweig sollte in der Zukunft noch stärker ausgebaut werden. Der Physiker Heisenberg hat der Frage nach den Teilen, der ja jeder Wissenschaftler auf seinem Fachgebiet nachgeht, die Frage nach dem Ganzen gegenübergestellt und sie als die eigentlich religiöse Frage bezeichnet. Vielleicht kann es auch in der Kieler Universitätskirche in der Zukunft gelingen, im gemeinsamen Gespräch verschiedener Fachgebiete die Frage nach dem Ganzen besonders zu artikulieren, ein wenig voranzutreiben und vielleicht sogar einen Dienst der Versöhnung zu suchen.

4. Aufs Ganze gesehen weiß sich der Universitätsprediger mit Vorrang an die gewiesen, die durch die notvollen Auseinandersetzungen der letzten Jahre Schaden an ihrer Seele genommen haben. So gewiß unsere Zeit nach gesellschaftlichen Veränderungen ruft, so gewiß braucht sie auch die Zuwendung und Hilfe für den einzelnen, der unter die Räder der rasanten Veränderungsprozesse gekommen ist. Ihnen nicht nur zu einer kurzfristigen Stabilisierung und Anpassung zu verhelfen, sondern ihnen ein Angebot zu machen, das es ihnen ermöglichen könnte, ihr Leben in ein Sinnganzes einzuordnen, qualifiziert meiner Meinung nach eine solche Hilfestellung als Seelsorge im christlichen Sinn.

---

1 Über die hier angestellten Versuche orientiert ein Werkbuch, das unter dem Titel „Kirche am Montag", Kieler Beispiele öffentlicher Kommunikation (herausgegeben von Dieter Andresen), 1973 im Furche-Verlag Hamburg erschienen ist.

Wie findet die Gemeinde ihre Identität?

Apostelgeschichte 9, 1–20

Die christliche Gemeinde ringt schwer um ihre Identität, wie wir heute gern zu sagen pflegen. Sie muß sich fragen, worin ihr eigentlicher Auftrag besteht und wie sie ihn angesichts der Herausforderungen durch die gegenwärtige Weltsituation zu verwirklichen gedenkt.

Zum Aufbruch rufen die einen. Sie befürchten, daß Kirche und Gemeinde so tief in die Bindungen an gegenwärtig bestehende gesellschaftliche Zustände und Verhältnisse verstrickt sind, daß sie als weltverändernde und heilschaffende Kraft keine Chance mehr haben und zu einem unkritischen Apparat zur Befriedigung religiöser Bedürfnisse randständiger Gruppen herabgesunken sein könnten. Viele verlassen deshalb die Kirche und den kirchlichen Dienst, weil sie in ihnen nicht mehr das meinen verwirklichen zu können, was ihnen sinnvoll erscheint, was sie unbedingt anzugehen vermag und was ihr wirkliches Engagement fordern könnte.

Zur Sammlung rufen die anderen. Sie befürchten, daß die Kirche durch irgendwelche zeitbedingten Modeströmungen auf einen Weg gedrängt werden könnte, auf dem sie die Verbindung zu ihren eigenen Ursprüngen verlieren könnte, daß sie damit ihre eigentliche kritische Kraft aufgeben würde und sich selbst in völlige Welthaftigkeit und Anpassung auflösen könnte.

Die Aufgabe „Prüfet die Geister!" scheint wieder einmal mit besonderer Dringlichkeit gestellt zu sein, und wir alle sind zu einer neuen Überprüfung unserer eigenen Kriterien in diesem Streit aufgerufen. Als eine Gelegenheit, das gemeinsam zu tun, könnten wir auch einmal einen solchen Gottesdienst ansehen, indem wir uns Situationen ins Gedächtnis zurückrufen, in denen die Gemeinde vor ähnlichen Fragen gestanden hat, und Entscheidungen und Lösungen finden mußte.

Ich könnte mir denken, daß die Herausforderung durch Paulus und seine Wirksamkeit in der jungen Christenheit ähnliche Fragen hervorgerufen hat, wie sie heute bestehen. Damals wie heute ging es um das Bedenken einer neuen Situation. Es ging um die Aufgabe von Sicherungen, die Tradition und Überlieferung bieten. Damals wie heute stand zur Diskussion, ob man sich in einer durch apostolische Tradition gesicherte Sphäre sammeln solle oder ob man den Schritt in die Ungesichertheit neuer Lebens- und Glaubensweisen wagen solle. Und das Entscheidende war: der Impuls kam von außen, von einem Fremden, einem Feind.

Wie hat sich die christliche Gemeinde damals mit dieser Frage auseinandergesetzt und welche Lösungen hat sie gefunden?

Wir hören Apg. 9, 1–20.

Wir haben uns zunächst zu fragen: was will der Text?

Nach einhelligem Zeugnis der Forschung will der Text keine Beschreibung von historischen Fakten liefern. Die geschichtlichen Einzelzüge dessen, was berichtet wird, sind widersprüchlich und unsicher. Wie oft bei Lukas wird auf die umlaufende Legendenbildung zurückgegriffen, denken wir nur an die Weihnachtsgeschichte. Man könnte sagen, daß das erkenntnisleitende Interesse bei weitem die wohl auch gar nicht beabsichtigte Faktengenauigkeit überwuchert. Mit ebensolcher Sicherheit wird man sagen können, daß dieser Text keine Psychologie des Paulus bringen will. Dies hat als verführerische Möglichkeit immer wieder nahegelegen und es ist auch Entsprechendes versucht worden. Allein der Text läßt es nicht zu. Hier liegt kein Psychogramm innerseelischer Erfahrungen vor. Im Gegensatz dazu stehen authentische Aussagen des Paulus, mit denen er seine Wandlung zu beschreiben versucht. Sie tragen eine ganz andere Struktur. Hier liegt wahrscheinlich die Interpretation des Ereignisses durch eine ganze Gruppe vor, die sich in einem Prozeß befindet. Wo man solche Aussagen, die allenfalls sozialpsychologisch interessant sein könnten, individualpsychologisch aufzuschlüsseln und zu verstehen versucht, hat es verhängnisvolle Wirkungen gehabt. Das, was hier geschildert wird, wurde nämlich zum Modell für individuelle Erfahrung gemacht und zwängte damit einzelne in einen durch und durch unspychologischen Bekehrungsschematismus hinein. Das geht nie ohne Verdrängungen ab! Es gibt hierfür viele geschichtliche Beispiele.

Wenn der Text weder als Historie noch als Psychologie gelesen werden kann, was will er dann sein?

Ich möchte in diesem Text den Versuch sehen, mit einer bestimmten geschichtlichen Herausforderung, die der Gemeinde in der Gestalt des Paulus begegnete, fertig zu werden. Er scheint mir die Aufgabe zu haben, eine Bewußtseinsveränderung, nämlich den Auszug aus der Synagoge und die Hinwendung zu den Heiden, d. h. den Aufbruch zu neuen Erkenntnissen und zu neuen Lebensformen nachträglich zu motivieren, zu begründen und zu legitimieren. Damals war die Bewußtseinsveränderung primär, die Motivierung folgte nach. Heute haben wir Motive und sollten mit ihnen eine Bewußtseinsveränderung zustande bekommen.

12

Es gibt bei Lukas einige Geschichten, wie die uns allen wohlbekannte vom verlorenen Sohn, die zweiteilig sind, in denen aber die erste Hälfte über Gebühr beachtet wurde, der zweite Teil aber weithin zu wenig Beachtung fand. So wie es beim verlorenen Sohn den anderen Bruder gibt, den daheimgebliebenen, der aber nicht weniger zur Bewußtseinsänderung gerufen wird, so gibt es auch in unserer Geschichte den zweiten Teil, der uns in Parallele zur Paulus-Vision von der Ananias-Vision berichtet. Nun würde es allerdings genauso verfehlt sein, unseren Text als eine psychologische Bekehrungsgeschichte des Ananias zu verstehen. So individualpsychologisch gesehen, würde die ganze Geschichte nicht frei sein von einer gewissen Tragikomik. Denn hier unternimmt es ja Ananias, den Herrn zu informieren über den wahren Charakter des Paulus und ihn zu warnen vor einer Fehleinschätzung der Lage. Aber die Gestalt des Ananias ist Repräsentant, Typos einer bestimmten Grundeinstellung zu Paulus. Es könnte sein, daß sich in der lukanischen Komposition von der Vision des Ananias der Reflex einer innergemeindlichen Diskussion niedergeschlagen hat, die sich mit der Zumutung durch Paulus – und zwar durch den bekehrten Paulus – auseinandersetzt.

Paulus ruft die Gemeinde aus den Sicherungen, die durch die Zurückführung auf legitimierte Apostelgestalten gegeben waren. Er ruft sie aus den abgesicherten Laufgräben von Gesetzesvorschriften. Er ruft sie in die Gemeinschaft mit den Heiden – ohne Vorbedingungen. Er ruft sie in die Weite einer Konzeption, die das Heil für alle Menschen ermöglichen will.

War es ein Wunder, daß sie mit Angst, Abwehr und Mißtrauen reagierte? Er ist für sie ein Fremder, sogar ein Feind, einer, der nicht legitimiert ist, dessen Autorität man nicht vertrauen kann.

Wenn sich in der Gemeinde allmählich eine andere Haltung durchsetzte, dann nicht völlig ohne die drei Aussagen, die ich als das Zentrum dieses Textes verstehen möchte. Sie werden in unserem Text dem Herrn in den Mund gelegt und sie bringen Ananias in Bewegung, sie machen Paulus zu einem, mit dem man sich solidarisieren kann, dem der Brudername zukommt, mit dem man sich durch Handauflegung, Taufe und gemeinsames Mahl zu einer festen Gemeinschaft verbinden kann.

„Dieser ist ein auserwähltes Werkzeug Gottes."

Das kann die Gemeinde von einem sagen, unter dem sie gelitten hat, d. h. sie kann sinnvolle Zusammenhänge da entdecken, wo Sinnlosigkeit und Angst herrschte, sich einer Sicherheit und Sinnhaftigkeit anvertrauen, die nicht durch das Gewohnte und Vertraute abgedeckt ist. Das bedeutet, das Neue und Unerwartete, das total Verändernde als das Handeln Gottes zu deuten und zu erfahren. Das heißt, die Unerbittlichkeit des Realitätsprinzips zu überwinden, der man sich in verständiger Resignation zu unterwerfen hatte.

„Dieser trägt den Jesus-Namen zu Heiden, Königen und zu den Kindern Israels."

Das heißt doch wohl, daß man in diesem Paulus und seinem Programm den Garanten dafür sieht, daß die Sache Jesu nicht in den Winkel der Privaterbauung gehört, eingesperrt hinter Kirchenmauern und Konfessionsschranken, sondern dahin getragen wird, wohin sie gehört: in die Weite der Völkerwelt, in die Machtzentren politischer Gewalt, in die Hochburgen religiöser Gewißheit. Überall da kann sie aber nur Anstoß erregen und damit folgt zwangsläufig das Dritte:

„Dieser geht einen Leidensweg."

Ich glaube nicht, daß damit eine masochistische Idealisierung des Leidens als solches gemeint ist, sondern daß in der Solidarität mit dem Gekreuzigten nach christlichem Verständnis der Weg angedeutet ist, der zur inneren Freiheit und zur inneren Unabhängigkeit führen kann, die die Voraussetzung bildet für das Erringen der äußeren Freiheit. Es gibt keinen vertrauenswürdigen Weg in die Freiheit als den über die Solidarität des Leidens. Nur wer die Bereitschaft dazu hat, erscheint vor den schauerlichen Mächten von Verführung und Machtausübung geschützt.

Wir leben in einer Zeit, in der Paulus-Bekehrungen kaum vorkommen. Und wo von ihnen berichtet wird, vermögen sie nichts Überzeugendes mehr auszustrahlen. Dagegen erleben wir „Ananias-Bekehrungen" stärker denn je. Wir erleben einen plötzlich einsetzenden Bewußtseinswandel, der uns aufbrechen läßt aus dem Alten und Gewohnten und uns hinausgehen läßt zu dem Fremden, das wir vielleicht bisher als das Feindliche erlebt hatten.

Es scheint mir das zu sein, was Reinhold Schneider in seinem Reisetagebuch „Winter in Wien" als das Ende einer von ihm bis dahin als fraglos anerkannten Frömmigkeit beschreibt. Daß sich bei ihm so etwas wie ein „Unfall" ereignet: was ihm bisher als die Voraussetzung seiner Existenz galt – das Reden vom Vater-Gott, der unangefochtene Glaube an ein ewiges Leben und anderes mehr – wird ihm nebensächlich und überflüssig. Er fragt sich: vielleicht muß ich aufhören Christ zu sein, um möglicherweise wieder Christ werden zu können? Ist es diese Erfahrung, die D. Bonhoeffer das Gefühl einer brüderlichen Solidarität mit den Religionslosen vermittelte oder die einen Blumhardt von jener berühmten zweiten Bekehrung, der zur Welt hin, sprechen ließ? Diese Erfahrung läßt viele von uns aufbrechen zu denen, die bisher als die Feinde des Evangeliums galten, um mit ihnen den brüderlichen Dialog zu beginnen, der unvermutet oft das Geschenk der Solidarität bringt.

14

Freilich: nicht jede schwärmerische Abwendung von Kirche und „Hinwendung zur Welt" markiert jene Bewußtseinslage, die unter der Chiffre des Ananiasgeschens Ausdruck eines christlichen Gemeindebewußtseins geworden ist.

Wir hatten nach Kriterien gefragt in der Auseinandersetzung mit den Fragen der Gegenwart. Abschließend sollen die Kriterien des Textes in Verbindung gebracht werden mit der Eingangsfrage.

Kann die christliche Kirche ihre Identität gewinnen, indem sie sich als Werkzeug Gottes versteht?

Als Werkzeug ist sie ja wohl immer mißbraucht worden! Wir sollten dankbar sein, wenn uns das heute bewußt wird. Nur wenn wir uns davon befreien, Werkzeug partikularer und temporärer Interessen zu sein, können wir so etwas wie Werkzeug Gottes sein. Werkzeug der Interessen *aller* Menschen zu sein, das ist wohl der Sinn eines Bekenntnisses zu einer allumfassenden, katholischen Kirche.

Kann die christliche Kirche ihre Identität gewinnen, indem sie sich als missionierende Kirche versteht? Was bedeutet Mission? Die Sache Jesu gehört hinaus, dahin, wo um die Zukunft des Menschen gerungen wird. Paulus hat eine Sprache gefunden, die in der Völkerwelt, in den Machtzentren gehört und verstanden wurde. Mit dem Jesusnamen verbindet sich für die christliche Gemeinde eine Erfahrung, die sie allen Menschen schuldet. Es ist unsere Aufgabe, sie so zur Sprache kommen zu lassen, daß sie gehört wird. Aber das bedeutet Aufgabe von Gewohntem und Vertrautem.

Kann die christliche Kirche ihre Identität gewinnen, indem sie sich als leidende Kirche versteht?

Wir haben lange gemeint, das Leiden eliminieren zu können. Aber die Unmenschlichkeit droht gerade da, wo nicht mehr gelitten wird, wo das Bewußtsein des Leidens verdrängt wird.

Wo nicht mehr gelitten wird, ist die Kirche entweder total angepaßt oder Instrument der Herrschaft geworden.

Die Solidarität mit den Leidenden steht uns wieder deutlicher im Bewußtsein. Sie könnte uns vielleicht dazu führen, daß wir nicht nur in einer Art hilfloser Geste in unseren Kirchen das Abendmahl halten als ein Symbol nicht verwirklichter Gemeinschaft, sondern daß wir auch das Brot brechen mit denen, die uns brauchen.

Sodom und Gomorrha – in uns?

1. Mose 19, 12–29

Da sind Leute – wie uns in der Schriftlesung (Lk 9, 51–56) am Altar berichtet wurde – die diese eben verlesene Geschichte wohl noch sehr genau im Ohr haben und die ein Akt der Unfreundlichkeit – genauer: die Verweigerung des Gastrechtes – dazu inspiriert, ihr eigenes privates Sodom zu veranstalten: „Herr, willst du, so wollen wir sagen, daß Feuer vom Himmel falle und verzehre sie!" Und ihnen wird gesagt: „Wißt ihr nicht, welches Geistes Kinder ihr seid?"

Könnte es nicht sein, daß dies die Chance eines Umgangs mit dieser alten Geschichte ist, daß wir etwas über uns selber erfahren, daß wir sehen, aus welchem Geist wir leben, daß uns etwas Verborgenes aufgedeckt wird, unser Bewußtsein erweitert wird? Damit könnte aber tatsächlich diese alte Sage zu etwas werden, was uns unbedingt angeht, zu einem Worte Gottes, denn ist es nicht die Funktion des Wortes Gottes, das Verborgene des menschlichen Herzens aufzudecken?

Gewiß, ich verkenne keineswegs, daß die Skepsis in dieser Beziehung unter uns groß ist, und es ist sicher gut, daß solche Fragen heute offen ausgesprochen werden. Lohnt sich das denn noch, so wird etwa gefragt, lohnt es sich denn noch, mit all dem Aufwand exegetischen Scharfsinns, der hier notwendig ist, um die dicke Kruste von Verstehensschwierigkeiten zu durchstoßen, an einen solchen Text heranzugehen? Einen Text, der offenbar eine so ganz fremde Mentalität zum Ausdruck bringt, von dem noch nicht einmal sicher ist, auf welchem geistigen Fundament er gewachsen ist, dessen Hauptmotive als Wanderlegenden auch aus ganz anderen Kulturkreisen als dem jüdisch-biblischen berichtet werden und der allerhand Nebenmotive enthält, die uns heute nun wirklich nicht mehr zu interessieren vermögen wie die Erklärung geographischer und landschaftlicher Absonderlichkeiten? Lohnt sich das wirklich noch?

Ich möchte gar nicht in Abrede stellen, daß Bewußtseinserweiterung und Bewußtseinsveränderung heute auf anderen Wegen als auf dem des Umganges mit der biblischen Überlieferung zustande kommen kann. Aber eines sollten wir uns doch immer wieder klarmachen: Es ist ja einfach nicht wahr,

16

daß die Motive, die in einer solchen alten Geschichte angesprochen werden, keinen Widerhall mehr im Empfinden von uns modernen Menschen zu finden vermöchten. Es ist ja einfach nicht wahr, daß die Bewußtseinslage, die sich in einem solchen Text zur Artikulation zu bringen versucht, einfach spurlos verschwunden wäre, endgültig vergangen und erledigt wäre. Wir pflegen sie uns nur nicht mehr bewußt zu machen, wir haben es gelernt, sie aus unserem Bewußtsein zu verdrängen. Aber ist das nicht die fürchterliche Gefahr, die zu allen „aufgeklärten" Zeiten droht, daß wir uns Illusionen machen über die Wirklichkeit unserer eigenen seelischen Möglichkeiten, daß etwas, was wir nicht wahrhaben und eingestehen wollen, um so eruptiver hervorbricht – meistens im ungeeignetsten Augenblick? Könnte es nicht wirklich eine große Gefahr sein, wenn wir den Versuch machen, uns von unserer Überlieferung abzuschneiden, wenn wir sie unter Hinweis auf ihre Unverständlichkeit als für uns irrelevant erklären, sie uns nur um so stärker gefangen nehmen wird, ohne daß wir es merken? Es scheint ein psychologisches Grundgesetz zu sein, daß ich mich von etwas, was ich nicht verstanden habe, gar nicht trennen kann, es eben gerade nicht hinter mir lassen kann, sondern es mich als eine rätselhafte Macht verfolgen und auf unbewußten Wegen beeinflussen wird. Wer von uns aber hätte den Mut zu behaupten, er habe die biblische Überlieferung völlig verstanden, bis ins kleinste aufgeklärt und könnte sie deshalb beruhigt zu den Akten legen?

Nein, ich glaube, es gibt noch sehr viel zu verstehen an diesen alten Texten, und ein jeder solcher Verstehensvorgänge gibt uns zugleich ein Stück unseres eigenen verborgenen Seelenlebens zu verstehen. *C. G. Jung*, der Schweizer Psychologe, hat bereits als junger Forscher erhebliches Aufsehen dadurch erregt, daß er sogenannte Assoziationsexperimente veranstaltete, d. h. er legte der Versuchsperson Reizworte vor, zu denen sie spontan ihre Einfälle zu äußern hatte, und die so provozierten Einfälle vermochten Aufschluß zu geben über Zusammenhänge, die dem Betreffenden bis dahin nicht bewußt waren. Könnte man einen solchen Text wie diese Geschichte von Sodom und Gomorrha nicht auch einmal auf solche Weise behandeln? Als Reizworte, die vielleicht in der Lage wären, etwas in uns zu provozieren, das uns bisher nicht klar, nicht bewußt gewesen wäre?

Sicher, wir können das jetzt hier nicht individuell tun, und es ist ein sehr unvollkommener Ersatz dafür, daß einer es versuchen muß, solche Einfälle zu artikulieren, aber vielleicht wird die Nachbesprechung zeigen, ob dies ein wenig geglückt ist.

Was könnte uns zur Geschichte von Sodom und Gomorrha einfallen?

Hermann Gunkel, der Alttestamentler, macht mit Recht darauf aufmerksam, daß die ganze Spannung der Geschichte auf die Nacht zusammengedrängt ist. Im nächtlichen Sodom spielt die Szene sich ab, in der die Gottesboten zur sexuellen Lust mißbraucht werden sollen, und vor Tagesanbruch muß das Strafgericht über die Städte vollzogen sein. Es sind also Mächte der Nacht, die hier ihr Wesen treiben und ihre Macht verlieren, sobald der Tag graut. Wir gehen wohl nicht fehl, wenn wir die Grundlage für diese Art der Darstellung im Traum zu sehen versuchen. Vielleicht kann man sagen, in der Geschichte von Sodom und Gomorrha spiegelt sich ein wahrer Alptraum von Triebhaftigkeit und Umsturz. Wo anders vermag sich Triebhaftigkeit so kraß und ungeschminkt zu zeigen als im Traum? Wo anders werden die aggressiven Kräfte des Menschen in derartig intensive Bilder der Zerstörung eingefangen? Die Geschichte von Sodom – ein Alptraum von Triebhaftigkeit und Umsturz – das verbindet uns mit dem unbekannten Dichter dieser Sage, denn solche Träume gibt es auch heute noch. Worin besteht ihre Funktion? Das Chaos unakzeptierter Triebwünsche, das uns vom Unbewußten her bedrängt und bedrückt, wird einer Verarbeitung unterzogen. In unserem Falle sieht das so aus, daß das, was am stärksten verboten erscheinen muß, sich artikulieren kann und darf, weil es ja von der eigenen Person weg auf andere, auf böse Menschen, die Sodomiter verschoben wird, und über sie vermag man das ganze Reservoir unterdrückter Aggressionsbereitschaft auszuleeren: Sie werden ausgerottet mit Stumpf und Stiel, mit allem, was sie sind und haben.

Ich möchte meinen, nun ist uns die Sodomgeschichte nicht mehr so fremd und unverständlich, denn solche Träume dürfen unter uns sogar Wirklichkeit werden. So pflegen wir ja auch das Chaos in der eigenen Brust zu bewältigen, daß wir eigene unakzeptierte Triebregungen auf andere projizieren und dort mit unerbittlicher Härte bestrafen. So veranstalten wir immer wieder unser eigenes Sodom. Die Gesellschaft braucht den Verbrecher, der all das tut, wovon wir nur zu träumen wagen, und über den wir dann mit unnachsichtiger Strenge zu Gericht sitzen. Offenbar hat die Sünde der Sodomiter immer wieder die Phantasie auf das lebhafteste angeregt, und man hat in sie das hineinprojiziert, was man selber unter gar keinen Umständen bei sich wahrhaben wollte, vorwiegend sexuelle Motive. Man bedenke: Sexualphantasien mit Engeln oder gar mit der Gottheit selber, welch entsetzlicher Gedanke, und doch treten derartige Phantasien und Träumereien immer wieder bei pubertierenden Jugendlichen und im Unbewußten unserer neurotisch Erkrankten auf!

Freilich, es gibt auch einen anderen Traditionsstrom, der in der Sünde Sodoms vor allem ein unsoziales Verhalten und eine materialistische Gesinnung sehen will (Hesekiel). Und so veranstalten wir denn auch ein Sodom mit revolutionärem Akzent. Wir überlassen eine verrottete Gesellschaft sich selber, bis die Fäulnis so weit fortgeschritten ist, daß aus ihr der Funke der Revolution überspringt, der alles in Schutt und Asche legt und nichts vom Alten zu verschonen gedenkt.

Was wir hier also über das Verborgene unseres Herzens erfahren, ist doch wohl dies: daß wir eine verhängnisvolle Neigung haben, wenn wir Recht und Gerechtigkeit sagen, bei anderen das zu bestrafen, was wir bei uns selber nicht zuzugeben bereit sind. Und in diesem Sinne hat die Tradierung dieser Geschichte eine verhängnisvolle Wirkungsgeschichte entfaltet, eine Wirkungsgeschichte, die es rechtfertigte, das andere, das uns scheinbar Fremde zu verteufeln und zu vernichten, das Böse auszurotten.

Aber, so wird jetzt zu fragen sein: Ist das Ganze nicht eine Predigt gegen den Text? Wird hier nicht aufs deutlichste erwiesen, daß es doch nicht sinnvoll ist, sich mit einem solchen Text zu beschäftigen? Wird denn nicht Gott diese Haltung zugeschrieben, die wir doch wohl hinter uns lassen müssen, die wir möglichst schnell ablegen sollten? Und wird sie damit nicht zu etwas erklärt, das uns unbedingt angehen sollte?

Das ist wohl richtig, aber ich meine eben doch, daß wir zu einer wirklichen Überwindung der angesprochenen Haltung, die ohne Verdrängung auskommt, erst vorstoßen können, wenn wir den Text selber noch ein wenig tiefer verstehen, indem wir die andere Seite aufzuspüren suchen, den kritischen Impuls, der in dem Traditionsrahmen der Überlieferung selbst gegeben ist und der allein ihre echte Überwindung möglich macht. Er scheint mir gegeben zu sein in dem Rahmen, in dem die unspezifische Wanderlegende von der Zerstörung eines Gemeinwesens, das sich schändlich gegen inkognito wandernde Gottesboten verhalten hat, eingespannt ist. Es ist der Vorspann und der Epilog der Sage, die ihr ihr spezifisch biblisches Gepräge verliehen und die eine kritische Auseinandersetzung mit ihrem Grundmotiv nicht nur ermöglichen, sondern geradezu dazu zwingen.

Es spricht einiges dafür, anzunehmen, daß die Sage von Sodom und Gomorrha erst dadurch überlieferungswürdig geworden ist, daß sie im Vorspann in einen Zusammenhang zur Abrahamsgeschichte gebracht wurde. Abraham, der Vater des Glaubens! Aber was für ein Glaube ist denn das? Ein Glaube, der es wagt, sich mit Gott anzulegen, der Gott kritisiert, der ihn über seine wahren Funktionen als Weltenrichter aufzuklären unternimmt. Ein Mensch belehrt Gott, ein Mensch versucht, gegen die Unbedingtheit des Rechtes die Unbedingtheit des Heils durchzusetzen! Lohnt es sich nicht, das Gedächtnis an diejenigen, die eine solche Abrahamsgestalt schufen, nicht untergehen zu lassen?

Nun ist uns am heutigen Tage Trauer verordnet. Uns, die wir, wie ein Kritiker unserer Zeit gemeint hat, an der Unfähigkeit zu trauern leiden. Aber hängt diese Unfähigkeit nicht letztlich damit zusammen, daß wir uns nur so schwer von einer Haltung lösen konnten, die all das unermeßliche Elend, das über die Menschen gebracht wurde, doch letztlich als so etwas wie ein Verhängnis ansieht, als ein Gottesgericht? Abraham hatte sich vorgenommen, das Gottesgericht abzuwenden, aber er ist damit gescheitert. So endet unsere Geschichte mit einem Bilde tiefster Resignation: Abraham späht über das Land hin, das er zu retten unternahm, aber was er sieht, ist nur der trübe Qualm der Vernichtung. Es hat alles keinen Sinn gehabt. Vielleicht ist es das Bild, das uns am stärksten anspricht, da wir immer wieder unsere eigenen Anstrengungen, Versuche und Projekte scheitern sehen.

Nun hat aber unsere Geschichte noch einen höchst eigenartigen und bemerkenswerten Epilog: Da ist noch Lot! Lot, der Zögerer und Zauderer, der sich in sein winzigkleines privatistisches Glück, sein Zoar gerettet hatte. Und Lot bricht auf von Zoar, das Leben geht weiter, aber sein Weitergehen wird durch eine Ungeheuerlichkeit garantiert. Der Fortbestand des Lebens wird nur durch den Bruch eines der stärksten und ältesten Tabus der Menschheitsgeschichte ermöglicht: Durch ein Vergehen gegen das Inzestverbot! Seine Töchter verschaffen sich durch List und Tücke von ihrem Vater Nachkommen. Und diese Ungeheuerlichkeit wird in kurzen Sätzen lapidar und kritik- und kommentarlos berichtet.

Wer eine solche Dichtung schaffen konnte, wer einen mit Gott kämpfenden Abraham zum Helden erwählen konnte, und wer den resignativen Schluß seiner Geschichte durch den Bruch eines zentralen Tabus überwindet, der muß eine andere Bewußtseinsstufe erreicht haben als die Vergeltungs- und Gerichtsideologie der Sodomsage. Er muß über den Tabu-Gehorsam einem Schicksalsgott gegenüber hinausgelangt sein zu einem Stande größerer Freiheit und Autonomie.

Sigmund Freud hat einen berühmten Essay geschrieben, der als Überschrift die drei Stichworte trägt: „Erinnern, Wiederholen, Durcharbeiten". Wer sich nicht erinnert, wer die Tiefen des eigenen Unbewußten dem Vergessen anheimfallen läßt, der ist zum Wiederholen verurteilt. Wer zum Erinnern befähigt wird, der vermag die Vergangenheit durchzuarbeiten und zu verarbeiten und damit eine neue Zukunft zu gewinnen.

Erinnern will uns die Geschichte von Sodom an die eigene Möglichkeit, unakzeptierte Triebhaftigkeit auf andere zu projizieren und dort zu bekämpfen, und das von einer Geschichtskatastrophe zur anderen zu wiederholen. Wenn wir uns aber dazu bekennen, daß ja wir es sind, die dieses Sodom veranstalten, können wir vielleicht dazu gelangen, was dem Abraham verwehrt war, dann werden wir es vielleicht lernen, Katastrophen zu verhindern und nicht nur vom Gehorsam das Heil zu erwarten, sondern von einem Aufdekken unserer unbewußten Motive, der Kenntnisnahme dessen, was uns im tiefsten bewegt, wes Geistes Kinder wir tatsächlich sind.

Vielleicht befinden wir uns damit in einer unmittelbaren Nähe zu dem, der so viele Tabus gebrochen hat und der unser Bewußtsein herausführen will aus dem Vergeltungsschema des Gerichtes zum Glauben an das Heil für alle Menschen.

Treue, Liebe, Hoffnung

2. Thessalonicher 3, 1–5

Es scheint angemessen in einem Gottesdienst, der der Vorstellung und Einführung eines neuen Predigers dient, sich auf die Zwiesprache eines Apostels mit seiner Gemeinde zu besinnen. Freilich auf den ersten Blick sieht es so aus, als ob dort alles so befremdlich anders zugehe als bei uns. Dort: Der Apostel weiß sich getragen von der Fürbitte seiner Gemeinde: Betet ihr für mich. Bei uns: Das Gebet ist zu einer quälenden Problematik geworden und die Aufforderung: Bete du für uns, die Aufforderung, Mund der Gemeinde zu sein und deren innere Erfahrungen zu formulieren, scheint immer schwerer zu werden.

Dort die dankbare Feststellung, daß das Wort läuft und verherrlicht wird: Ihr predigt ja für uns.

Bei uns: die Delegation der Verkündigungsaufgabe an den beamteten Diener am Wort mit der Gefahr, daß es zu einer Einbahnstraße kommt, daß sich keine lebendige Sprache des Glaubens entfaltet, daß das Sprachereignis des Glaubens zu einem bloßen Hörereignis verkümmert. Dort jene bewegende Solidarität einer Minderheit, die unter dem Druck von außen steht und unter diesem Druck immer enger zusammenrückt im Bewußtsein, daß der Glaube nicht jedermanns Sache sei. Bei uns die Last unserer christlichen Etabliertheit, die es uns so unendlich schwer macht, das Zeugnis dieser christlichen Minderheit überhaupt angemessen zu verstehen, geschweige denn weiterzusagen, die Sorge, der Glaube könnte zu einem geschwätzigen Allerweltsding werden.

Dort jene ruhige Gelassenheit des Apostels, der sich auf die Gemeinde verläßt in der unerschütterlichen Gewißheit, daß sie das ihre tut und weiter tun wird.

Bei uns die ungeduldigen Appelle, mit denen wir Pfarrer immer wieder meinen, aus der Passivität aufrütteln und aktivieren zu müssen.

Nun sollte es immer wieder einmal die Funktion eines solchen Textes sein, heutiger Gemeinde den Spiegel vorzuhalten und uns einmal mehr der schmerzlichen Erkenntnis hinzugeben, wie weit wir uns von unseren eigenen Ursprüngen entfernt haben. Aber vielleicht nicht am heutigen Tag. Außerdem zeigt ein Blick auf den Zusammenhang, in dem unser Text steht, daß die verblüffende Harmonie, die zwischen Apostel und Gemeinde zu bestehen scheint, nicht den Tatsachen entspricht; im Gegenteil, eine schwere Krise bedroht die Gemeinde: Der ernsthafte Versuch nämlich, die Dialektik von „schon jetzt" und „noch nicht" aufzulösen. Die Vorstellung, daß die endzeitliche Heilswirklichkeit schon gegenwärtig da sei, daß man sie sehen und spüren müsse, daß deshalb so etwas wie eine „große Weigerung" am Platze sei, die aussteigen läßt aus geregelter Arbeit und sich obendrein noch auf apostolische Sondervollmachten beruft. Vielleicht gehen wir nicht fehl, wenn wir sagen, daß der 2. Thessalonicherbrief uns einen Blick tun läßt in das Ringen zweier geistiger Kräfte, die das, was Christus bedeutet, entweder als ein plötzlich eintretendes Ereignis mit katastrophenhaften Auswirkungen ansieht, oder aber als einen geschichtlichen Prozeß, als so etwas wie einen langen Marsch.

Mir scheint nun, daß dieser Zwiespalt durch die ganze Geschichte des christlichen Glaubens und seiner Auswirkungen mitgegangen ist und Perioden revolutionärer Bewegtheit, die getragen waren vom ungeduldigen Pochen auf das „schon jetzt" und das Sichtbarmachen seiner Wirkungen, abgelöst wurden von solchen des vorsichtigen „noch nicht". Ich möchte sogar behaupten, daß die Spannung zwischen beiden Vorstellungen bis heute noch nicht ausgetragen und entschieden ist und in ihren säkularisierten Nachwirkungen sich heute noch beobachten läßt. Und ich meine, daß der Umgang mit einem solchen Text erst dann zu einem sinnvollen geworden ist, wenn er uns aufzudecken vermag, daß jeder einzelne von uns aufs Tiefste geprägt ist, von diesem Zwiespalt und von dieser Ambivalenz. Daß wir in uns selber sowohl die tiefe Sehnsucht nach einer plötzlichen revolutionären Veränderung tragen, als auch das Verlangen nach Kontinuität und Sicherheit.

Freilich scheint es uns nur selten zu gelingen, diesen Zwiespalt, diese Ambivalenz in uns selber wahrzunehmen, viel lieber pflegen wir die Seite, die wir in uns selber nicht wahrhaben wollen, auf andere zu projizieren und dort zu bekämpfen. Die anderen sind dann die Gnostiker, die Schwärmer, die ungeduldigen Revolutionäre, die nicht warten können und das „schon jetzt" auf wahnhafte Weise verabsolutieren wollen. Oder die anderen sind die Konservativen, die „Bedenklichen", die Liberalen, die mit ihrem vorsichtigen „noch nicht" das Wesentliche zurückhalten und verraten haben.

Und dann kommt es zur Polarisierung, zum Aufreißen von Fronten, zum gegenseitigen Verketzern, zum fruchtlosen Streit, weil wir immer am anderen nicht verstehen können, was wir bei uns selber nicht wahrhaben wollen.

Daß uns ein Text zum Worte Gottes wird, heißt, daß er uns etwas aufdeckt vom Verborgenen unseres eigenen Herzens, daß er uns etwas bewußt werden läßt, das uns vorher noch nicht bewußt war, daß wir in uns selber das als Möglichkeiten entdecken, was uns hilft, die Position des anderen besser zu verstehen. Vielleicht ist es sinnvoll zu fragen, was es heißt, wenn wir angesichts dieser Ausgangslage in unserem Text auf die Treue Gottes, auf die Liebe Gottes und auf die Geduld Christi verwiesen werden.

I.

Spätestens seit auf den Koppelschlössern der NS-Formationen stand: „Unsere Ehre heißt Treue" ist das Wort Treue – mit Recht – in Mißkredit geraten. Für unsere Generation, die wir als Heranwachsende unausweichlich in einen Loyalitätskonflikt gerieten zwischen unseren Elternhäusern und der Hitler-Jugend, hat das Wort Treue den Klang einer Tugend verloren und auch das ließ uns zur skeptischen Generation werden. Wir suchten nach einem qualifizierten Treuebegriff, der standhalten konnte im Zusammenbruch der überlieferten Moralordnung. Für viele wurde es so zu einer unauslöschlichen Erfahrung, als Karl Barth in seinem Römerbrief formulierte, glauben heiße, sich auf die Treue Gottes verlassen und daß es auf unsere eigenen Tugenden oder Untugenden überhaupt nicht ankomme.

Nun wird man schwerlich behaupten können, daß der Treuebegriff sich inzwischen aus seiner Agonie erholt habe. Im Gegenteil: Treue steht uns auf vielfache Weise im Wege bei dem Versuch, das Notwendige zu leisten, was uns heute aufgetragen ist. Von vielen älteren Menschen wird heute das Aufgeben ihrer Heimattreue gefordert, wenn anders wir den Frieden mit unseren östlichen Nachbarn erhalten wollen. Unsere Prinzipientreue steht uns vielfach nur im Wege, wenn wir konstruktive und zukunftsträchtige Lösungen finden wollen. Die Treue zu unseren Denkgewohnheiten versperrt uns den Weg in einer Welt, in der uns die technische Entwicklung tagtäglich mit neuen Phänomenen und Problemen konfrontiert, und Flexibilität und Anpassungsfähigkeit erscheinen heute als viel dringlicher geforderte Tugenden.

Allein, uns ist nicht wohl bei diesem Gedanken, denn wir spüren sehr wohl, daß die reine Anpassung an eine blindlings vorwärtsstürmende Entwicklung den Menschen und seine Welt in die höchste Gefahr bringen kann. Was gestern noch als höchster Fortschritt und Segen gepriesen wurde, enthüllt sich heute als Fluch. Angesichts der um sich greifenden Unsicherheit liegt es so nahe, dann wieder auf das bewährte Vergangene zurückzugreifen: Nur keine Experimente, wir haben es ja immer gewußt!

In unserem Textzusammenhang hat die Formel „Gott ist treu" zweifellos die Funktion zu entängstigen. Sie vermochte sich zu berufen auf eine lange

Erfahrungsgeschichte des Volkes Israel mit seinem Gott, der ihm auf der Wüstenwanderung im Kampf mit Hunger und Durst als Symbol der Treue zu sich selbst innerster Besitz geworden war. Und so vermochte dieses Wort zu entängstigen, als sich die kleine verzweifelte Minderheit der Christen mit dem Schrecken des Martyriums konfrontiert sah: Gott ist treu, was können uns Menschen tun?

Doch die unmittelbare Bedrohung durch Naturgewalten ist für uns keine lebendige Erfahrung mehr, und nur wenige fühlen sich so den unverständigen und argen Menschen ausgeliefert, daß sie deshalb nach der Treue Gottes schreien.

Und doch sind wir von keiner Angst erlöst. Es könnte nur sein, daß wir sie auf andere Weise erfahren als die Gläubigen des Alten Bundes und die Gemeinde zu Thessalonich.

Könnte es nicht sein, daß wir deshalb in besonderer Weise der Angst ausgesetzt sind, weil wir das naive Zutrauen in uns selbst verloren haben? Sind wir uns nicht selbst geradezu unheimlich geworden? Findet nicht deshalb das Thema Aggression heute solch ein starkes Interesse, weil wir es zu ahnen beginnen, daß wir uns selbst die stärkste Gefahr darstellen? Daß wir im Begriff sind, die Treue zu uns selbst zu verlieren, uns als Menschen in unserem Menschsein aufzugeben und zu verraten?

Können wir, wenn es um die Frage geht, was aus dem Menschen werden soll, auf den Beitrag verzichten, der sich aus der Erfahrung ergibt: Gott ist treu? Könnte sie nicht den gleichen Beitrag zur Entdämonisierung der inneren Natur des Menschen leisten, wie sie es zur Entdämonisierung der äußeren Natur getan hat?

Mir scheint, diese Aufgabe wäre weithin noch zu leisten. Noch ist das Wort der Kirche, wenn es um die innere Natur des Menschen geht, etwa um seine Sexualität, geprägt von Angst und Sorge. Noch immer gibt es theologische Beiträge, die eher der Dämonisierung als der Entdämonisierung der inneren Natur des Menschen das Wort reden.

Gott ist treu, das könnte die Bewußtseinslage eines Urvertrauens ausdrücken, die man haben muß, wenn man furchtlos sich den Kräften im eigenen Innern stellen will. Die Verurteilung des Galilei hat das Gespräch zwischen den Fakultäten unendlich belastet. Wenn wir uns als Theologen zu einer Entdämonisierung der inneren Natur des Menschen bekennen, dann dürfte hier ein weiter Spielraum des Gesprächs der Fakultäten sein, wenn es um die Frage nach dem Menschen geht. Vielleicht könnte unsere Universitätskirche hier einen Beitrag leisten, indem sie die Plattform für ein solches Gespräch zur Verfügung stellt?

II.

Von der Treue Gottes sprechen heißt zugleich, von der Liebe Gottes sprechen. Christen haben immer dann von der Liebe Gottes gesprochen, wenn die äußere Situation und die vordergründige Erfahrung dem auf das energischste zu widersprechen schien. Sie konnten dies tun, weil ihnen das Scheitern Jesu Christi am Kreuz zum zentralen Symbol der Zuwendung Gottes geworden war, das es ihnen ermöglichte zu hoffen, wo nichts mehr zu hoffen schien.

So haben wir das „Lobe den Herren, der alles so herrlich regieret" in einer Art von verzweifeltem Trotz gesungen. Wir haben es an Gräbern gesungen unter Tränen und in Situationen, in denen wir keineswegs herrlich regiert wurden. Man kann uns vorwerfen, daß wir uns damit ein Stück weit außerhalb der vorfindlichen Wirklichkeit gestellt haben, daß wir Illusionen gebildet haben. Aber ich möchte fragen, ob das nicht gerade dringend notwendig ist, daß es immer wieder Menschen gibt, die sich nicht mit der vorfindlichen Wirklichkeit zufrieden geben, sich bedingungslos an sie anpassen? Gewiß, man wird achtgeben müssen, daß diese Illusionen nicht den Charakter eines Wahns annehmen, daß sie nicht den Kontakt zur Wirklichkeit verlieren, daß wir nicht aus dem Auge verlieren, daß unsere Illusionen in Wirklichkeit umgesetzt werden müssen.

Wir leben in einer Zeit, in der es uns wie Schuppen von den Augen fällt, daß das Reden von der Liebe Gottes pure wahnhafte Deklamation bleibt, wenn es sich nicht in der Tat der Liebe konkretisiert. So wächst das Bewußtsein der Solidarität mit den ungeliebten Unterprivilegierten, das Bewußtsein der Parteinahme für die Entrechteten und Gescheiterten. Nicht nur in der Form der materiellen Hilfestellung, sondern auch in der der seelischen Zuwendung in Beratung, Therapie, Telefonseelsorge, Hilfe für Drogenabhängige, und was es immer sein mag.

Ich weiß, daß es viele unter uns gibt, denen das nicht genug ist. Daß sie geneigt sind, dieses ganze Bemühen als eine Art Rote-Kreuz-Arbeit, als eine Art seelischen Notverbandsplatz oder gar als Alibi für die Kirche abzuqualifizieren. Ich stimme mit ihnen überein in der Erkenntnis, daß diese Bemühungen wenig ausrichten, wenn der unselige Kreislauf, daß unmenschliche Verhältnisse keine menschlichen Menschen hervorbringen, nicht durchbrochen wird, ja wenn er dadurch im Gegenteil nur immer wieder stabilisiert wird. Aber stimmt denn die Umkehrung dieses Satzes, daß menschlichere Verhältnisse automatisch den menschlicheren Menschen hervorbringen werden, da wir doch so wenig zu wissen scheinen, was ein nicht entfremdeter Mensch ist? Liegt hier nicht die eigentliche Wurzel?

26

Drei große Aufgaben scheinen der Menschheit seit ihrem Bestehen gestellt zu sein: Erstens, sich die Natur untertan zu machen und ihre Kräfte in den Dienst des Menschen zu stellen. Diese Aufgabe ist bis zu einem Maße erfüllt, daß sie in der Gegenwart in ihr Gegenteil, nämlich die Zerstörung der Natur, umzuschlagen droht, die wir deshalb zu schützen als dringlichste Aufgabe erkannt haben. Das zweite wäre, die Verhältnisse der Menschen untereinander so zu ordnen, daß die christliche Grunderkenntnis, daß alle Menschen von Gott gleich geschaffen sind, nicht nur proklamiert, sondern auch gelebt wird. Sie ist als Aufgabe klar erkannt und in Angriff genommen, wenngleich wir von Tag zu Tag feststellen, wie mühsam es ist, sie tatsächlich zu verwirklichen. Dabei erkennen wir aber drittens immer stärker, wie stark der Mensch sich dabei selbst im Wege steht. Wie sein Bewußtsein auf Verhaltensweisen und Gefühle fixiert bleibt, die sich hemmend, ja sogar tödlich auswirken werden, wenn sie nicht verändert werden.

Der Mensch als die eigentliche Wurzel unserer Misere tritt damit in den Mittelpunkt unserer Aufmerksamkeit. Er muß sich verändern, er muß zur Metanoia, zum Umdenken, gebracht werden, er muß reifen und wachsen in seinem Bewußtsein.

Nun wissen wir aber sehr klar aus der Kinderpsychologie, daß ein solches Wachsen und Reifen, eine solche Bewußtseinsveränderung, nur von denen vollbracht werden kann, die sich geliebt und angenommen fühlen können.

Was im Kleinen gilt, gilt auch im Großen: Wir werden den Aufgaben der Zukunft nur gewachsen sein und die notwendige Veränderung am Bewußtseinsstand der Menschen nur einleiten können, wenn die Bezeugung, daß der Mensch geliebter Mensch Gottes ist, gelingt, wenn die Geste einer Demonstration der Liebe Gottes, wie schwach und hilflos sie auch sein mag, in dieser unserer Welt nicht untergeht. So ist es doch wohl von denen gemeint gewesen, die diese Kirche unter großen Opfern und Mühen, bestärkt vor allem durch meinen Vorgänger in diesem Amt, in seiner noblen Bescheidenheit gebaut haben: daß diese Kirche als ein Symbol der Liebe Gottes auf dem Universitätsgelände stehen soll. Es ist an uns, dieses steingewordene Versprechen zu erfüllen: mit Leben, mit unserem Leben.

III.

Dies alles soll nun überspannt werden vom Stichwort der Geduld. Man wird sicher fehlgehen, wenn man das, was hier ausgesagt ist, auf der Ebene des Temperamentes verstehen wollte. Was uns von Jesus berichtet wird, ist alles andere als ein phlegmatisches Temperament. Martin Luther war gewiß kein geduldiges Temperament und Friedrich von Bodelschwingh hat mit seinem klassischen Wort „Aber schnell, sonst sterben sie mir" deutliche Zeichen der Ungeduld gesetzt. Es hat uns sicher auch alle sympathisch berührt, als unser Bundespräsident Gustav Heinemann in seiner Anrede an die Jugend sich dazu bekannt hat, selber ein ungeduldiger Mensch zu sein.

Was mit der Geduld Jesu Christi gemeint ist, ist etwas ganz anderes und hier kehren wir zum Anfang zurück, nämlich der Tatsache, daß der christliche Glaube sich im Kampf mit den enthusiastischen und ekstatischen Religionen zur Geschichtlichkeit seines Grundcharakters bekannt hat und damit den Anschluß an die geschichtlich bestimmte Grunderfahrung des Volkes Israel gewonnen hat.

Damit ist jede schwärmerische Verabsolutierung des „schon jetzt" relativiert. Was geblieben ist, ist das spannungsvolle Miteinander jener beiden eingangs zitierten Grundeinstellungen, das nicht nach dem einen oder dem anderen Pol hin aufgelöst werden darf.

Es lohnt in diesem Zusammenhang vielleicht, einen Blick auf die Begriffsgeschichte des Wortes zu werfen, das hier in unserem Text steht. In der griechischen Ethik ist die ὑπομονή eine Tugend, die sich in stoischer Ruhe auswirkt, und für die die Verknüpfung mit der Hoffnung bereits als eine Erweichung angesehen wird. Sie hat ihren klassisch-legendären Ausdruck in der Gestalt jenes Wachtpostens von Pompeji gefunden, der sich um keinen Milimeter von seinem Posten entfernte, als die tödliche Lava ihn umschloß. Das ist ein Leitbild, das man uns in den letzten Monaten des 2. Weltkrieges immer wieder einzupauken versuchte.

Im alttestamentlichen und christlichen Denken dagegen geht die Geduld fast in der Hoffnung auf. Was gemeint ist, wird illustriert mit dem Gleichnis von der Saat, die man wachsen lassen muß, oder dem sportlichen Wettkampf, der höchste gespannte Aktivität erfordert, aber niemals Passivität.

Johann Christoph Blumhardt hat eine hilfreiche Formel gefunden, die zeigt, daß das Gemeinte eigentlich nicht in einem Begriff zu fassen ist. Er hat vom Warten und Eilen gesprochen, das in seinem dialektischen Spannungsverhältnis stehen bleiben muß.

Stürmische und spektakuläre Bewußtseinsveränderungen haben deshalb immer wieder in Sackgassen geführt, wenn ihnen das prozeßhafte, das geschichtliche Element verlorenging, das Luther in seiner klassischen These von der Buße als einen immer neu zu vollziehenden Vorgang formuliert hat.

So können wir vielleicht an die Aufgaben, die vor uns liegen, herangehen: die einen mehr als die Eilenden und die anderen mehr als die Wartenden, die einen mehr durch Aktion und Demonstration, die anderen mehr durch Meditation, aber daß wir beieinanderbleiben in dem Bemühen um diese Kirche

28

und ihre Lebensäußerungen. Daß wir, ohne uns zu polarisieren, voneinander lernen, uns gegenseitig in Frage stellen als Lehrende und Lernende unter der Treue Gottes, im Bewußtsein seiner Liebe und im Warten und Eilen.

Was ist Glück?

Matthäus 5, 3–6

Wir können es nicht lassen und wir sollen es vielleicht auch nicht lassen, daß wir uns an bestimmten Punkten unseres Lebens gegenseitig beglückwünschen: so begehen wir Jubiläen, so gedenken wir unserer Geburtstagskinder, und so wünschen wir uns auch jetzt gern ein glückhaftes neues Semester. Wobei wir unter Glück sicher alle etwas sehr Verschiedenes verstehen können. Für den einen ist es das Glück, angesichts der Misere des Numerus clausus überhaupt einen Studienplatz ergattert zu haben; für den anderen ist es ein bestimmtes Vorhaben, ein bestimmtes Projekt, das er durchführen möchte. Wie ja überhaupt das Stichwort Glück ganz verschiedenen Assoziationen in uns auszulösen vermag. Wenn wir jetzt einmal das Experiment miteinander machen würden, und jeder würde die Augen schließen und sich vor seinem geistigen Auge das vorstellen, was er unter Glück versteht, dann wäre sicher eine Fülle von verschiedenen Bildern und Vorstellungen hier in diesem Kirchenraum versammelt. Mir persönlich geht es so, daß ich dabei immer wieder an eine Wiese denke, auf der ich liege und in einen blauen Himmel gucke, an dem Wolken ziehen. Aber das mag für alle sehr verschieden sein. Es geht ja wohl auch nicht darum, daß wir hier die Vorstellungen von unserem kleinen privatistischen Glück zusammentragen, sondern der Sinn eines solchen Gottesdienstes könnte darin bestehen, daß wir uns ernsthaft fragen, worin denn der spezifisch-christliche Beitrag zur Frage nach dem Glück besteht. Oder um einen Begriff des gegenwärtigen Wahlkampfes aufzugreifen: worin denn der christliche Beitrag bestehen könnte, wenn wir mit so großer Dringlichkeit nach der Qualität des Lebens heute in dieser unserer Welt fragen. Viele Theologen – und ich rechne mich durchaus zu ihnen – haben gemeint, diesen Beitrag vor allem im Bereich der zwischenmenschlichen Beziehung auffinden zu können. Mit einer gewissen Begeisterung haben wir uns auf jene Elemente der christlichen Überlieferung geradezu gestürzt, in denen auf symbolische oder unsymbolische Weise von der Ich-Du Beziehung, von der Geborgenheit als dem Grundgefühl des Menschwerdens, der Nestwärme, dem Urvertrauen und ähnlichen Stichworten die Rede war. Wir haben versucht, diese Elemente des Zwischenmenschlichen gesellschaftskritisch ins

Spiel zu bringen und wir haben uns angesprochen gefühlt von jener Art von Psychologie, die die Notwendigkeit einer frühen, gesicherten, zwischenmenschlichen Beziehung so überaus stark betonte. Und wir haben uns eigentlich ganz gut dabei gefühlt.

Aber dann geschieht es einem manchmal, liebe Gemeinde, daß man einem Stück der christlichen Überlieferung begegnet, das sich plötzlich querlegt zu dieser Linie, die man meinte gefunden zu haben, wo man anstößt, wo man stolpert, wo man sich ärgert. Vielleicht ist das eine Aufforderung dazu, uns immer wieder auf solche Elemente der christlichen Überlieferung einzulassen, die sich zu der einmal gefundenen Linie querlegen, die ein Ärgernis im Blick auf diese Linie geben. Denn es könnte dann sein, wenn man in eine wirkliche Auseinandersetzung mit einer solchen Herausforderung eintritt, daß etwas sehr Aufregendes passiert, daß einem nämlich etwas Neues aufgeht, daß einem etwas Neues einfällt, daß man eine neue Dimension sieht, die man bisher nicht gesehen hat. Mir ist es so gegangen, daß ich von einem ganz anderen Problem, das ich in einem anderen wissenschaftlichen Bereich versuchte durchzudenken, auf ein bestimmtes Stück der Überlieferung, nämlich auf die Seligpreisungen der Bergpredigt, gestoßen bin. Und sie haben sich so quergelegt zu meiner bisherigen Linie, daß sie mich dazu gezwungen haben, ein Stück Korrektur anzubringen. Und deshalb möchte ich darüber predigen, deshalb möchte ich einmal versuchen, wie weit eine solche Erfahrung, die man irgendwo gemacht hat, kommunikabel zu machen ist, wie weit andere an dieser Erfahrung teilnehmen können und wie weit wir darüber ins Gespräch kommen können.

Ich lese die ersten drei der Seligpreisungen in der uns allen geläufigen Übersetzung von Martin Luther:

Matthäus 5, 3: Selig sind, die da geistig arm sind, denn das Himmelreich ist ihr. Selig sind, die da Leid tragen, denn sie sollen getröstet werden. Selig sind die Sanftmütigen, denn sie werden das Erdreich besitzen.

Die Seligpreisungen haben es offenbar an sich, daß sie immer wieder starke Affekte auszulösen vermögen. Friedrich Nietzsche haßte sie. Er sah in ihnen die Sklavenmoral der Unterprivilegierten, die in einer kompensatorischen Wunschvorstellung eine spätere Befriedigung vielleicht im Jenseits, für das erfahren sollen, was sie hier alles vermissen. Tolstoi wollte sie voller Begeisterung in Realität überführen. Andere genießen sie wie ein Kunstwerk und fühlen sich vor allem in ihrer Emotionalität angesprochen. All dies scheint mir ein Zeichen dafür zu sein, daß in diesen Seligpreisungen besonders viel an unverstandenen Möglichkeiten verborgen liegen könnte, die man dieser weitgespannten symbolischen Sprache abgewinnen könnte. Zunächst ärgert einen ja mal die Sache mit den geistlich Armen. Theologen wissen, daß eine andere

Überlieferung hier ganz schlicht sagt, selig sind die Armen, basta. Und damit können wir uns leicht identifizieren, das läßt sich zu einem sozial-revolutionären Programm ausbauen. Aber ich glaube schon, daß es nicht nur eine Verharmlosung dieses sozial-revolutionären Pathos ist, das sicher auch hier drinstecken mag, wenn Matthäus „geistig arm" sagt. Wenn wir nämlich einmal die sozial-utopistischen Programme, von denen wir uns sicher nicht dispensieren dürfen, bis zum Ende durchdenken, dann kommt doch folgendes in den Blick: es kommt in den Blick, daß jetzt, in unserer gegenwärtigen Zeit, vieles, von dem frühere Geschlechter wirklich nur träumten, Realität werden könnte. Ich denke an das Beispiel Schweden, wo man ja sehr ernsthafte Versuche gemacht hat, durch die Umverteilung von Eigentum Armut so stark wie möglich einzudämmen und zurückzudrängen. Es sieht so aus, als ob dieses Experiment bis zu einem gewissen Maße auch geglückt zu sein scheint – jedenfalls im Blick auf die Armut. Und wenn es soweit kommen könnte – wir sind ganz sicher noch sehr weit davon entfernt –, aber wenn es soweit kommen könnte, daß Armut beseitigt ist, könnten wir dann sozusagen diesen Punkt abhaken, streichen, sagen: „Hat sich erledigt"? Das können wir eliminieren aus der christlichen Verkündigung? Dies kann doch unter gar keinen Umständen gemeint sein, sondern gemeint ist doch wohl, daß der Geist der Armut, die geistige Grundhaltung, die etwas mit Armut zu tun hat, aus dieser Welt nicht verschwinden darf. Daß die geistige Einstellung der Armut selig gepriesen wird, heißt doch, daß der Geist der Armut als bleibender Glückswert festgehalten werden soll.

Ich könnte mir denken, daß damit so etwas gemeint ist, wie die Motive, die etwa einen Franziskus aus einer sehr etablierten, bürgerlichen, wohlhabenden Stellung einfach aussteigen und einen anderen Lebensstil suchen ließen, der sehr revolutionär war und revolutionäre Wirkungen wohl auch gehabt hat. Oder – wenn mir das als einem hoffnungslos etablierten Professor überhaupt gestattet ist zu sagen – ich glaube, ich kann die Motivationen vieler junger Menschen verstehen, die – es ist ja nun beinah schon Geschichte – einfach ausgestiegen sind aus dem Konsumzwang und den Zwängen, die unsere Gesellschaft ihnen auferlegte. Für sie war eine Nietenhose, ein Pullover und eine Matratze irgendwo auf der Erde ausreichend, um leben zu können, aber sie machten dadurch eine Erfahrung von Freiheit und Unabhängigkeit. Und ich glaube, daß ein solches Element auch drinsteckt, wenn der Geist der Armut selig gepriesen wird. Wer unabhängig ist von dem, was man in frommer Sprache irdische Güter nennt, der gewinnt eine große Freiheit und Unabhängigkeit. Wie wir ja auch mit tiefem Erschrecken immer wieder feststellen, daß jemand in dem Augenblick, wo er in das Etabliertenstadium hinübergeht, sich in seiner ganzen psychischen Struktur offenbar rasend schnell verändern kann in einer Richtung, in der er diese Freiheit und Unabhängigkeit verliert. Von daher verstehe ich auch die Angst vor dem Etabliertsein, die Angst davor, jetzt in eine etablierte Position hineinzugehen.

Ich glaube, man kann dasselbe sich noch einmal am Problem der eingangs erwähnten gefühlshaften Zuwendung deutlich machen: Wenn wir sie so stark überbetonen, schaffen und kultivieren wir so etwas wie gefühlsmäßige Abhängigkeitsverhältnisse. Und ich frage mich manchmal, wenn wir so großen Wert auf Zuwendung, Emotionalität und ähnliches legen, ob wir da nicht die innere Freiheit blockieren könnten, aus der heraus kritisch, alternativ und schöpferisch gedacht wird. Ich glaube nicht, daß die schöpferischen Alternativen, die in dieser unserer Welt hier und da aufblitzen und erworben werden, aus einem Überfluß äußerer oder innerer Art kommen, sondern ich bin zutiefst davon überzeugt, daß die schöpferischen Potenzen aus einer Mangelsituation kommen, die aber auf bestimmte Weise qualifiziert und gedeutet werden kann. Es ist nicht Zynismus, wenn wir einmal probeweise so formulieren: Glücklich die Frustrierten, denn sie haben die Chance emotionaler Unabhängigkeit. Das Himmelreich ist ihrer, weil sie sich jeder Form von manipulierender Herrschaft hier entziehen können. Sie könnten tatsächlich, wie es Käsemann einmal formulierte, die Partisanen der Himmelsherrschaft sein.

Vielleicht wird noch deutlicher, was gemeint sein könnte, wenn wir uns der zweiten Aussage zuwenden: Selig sind die Leidtragenden. Zunächst ist sicher zu sagen, daß die Leidtragenden in unserer Gesellschaft sehr unselig sind, weil man sehr gezielte Anstrengungen gemacht hat, um sich all das, was mit Tod und Sterben zusammenhängt, aus dem Bewußtsein zu rücken, weil man sich entschlossen zu haben scheint, den Tod und die Vorbereitung auf den Tod aus dem Bewußtsein zu verdrängen. Allmählich entdecken wir die Notwendigkeit, Menschen dabei zu helfen, daß sie trauern können, daß sie Trauerarbeit leisten können. Wir sehen hier auch die großen Möglichkeiten besser, die die Kirche in ihrer Hilfestellung bei Trauerfällen leisten könnte. Wenn wir uns aber einmal fragen: Was soll denn diese Trauerarbeit leisten, die ein Mensch zu leisten hat, wenn er etwas verloren hat, wenn er einen geliebten Menschen verloren hat, oder wenn er einen Besitz verloren hat, oder wenn er eine Idee, die ihn trug, eine Sinngebung seines Lebens verloren hat? Ich meine doch: die Ablösung von einem geliebten Du, von einer geliebten Sache, von einer geliebten Idee – und den Rückzug der Lebenskräfte und des Interesses in die eigene Person. Wenn das gelingt, dann wird ein Mensch reifer, weiser, humorvoller, einfühlender, toleranter, gelassener dem eigenen Tod gegenüber werden. Wir haben doch den Eindruck – und das läßt sich aus unserer Lebenserfahrung belegen –, daß diejenigen Menschen, die in ihrem

Leben keinerlei Verlust hinnehmen und verarbeiten mußten, oftmals Menschen sind, denen eine Tiefendimension der Erfahrung zu fehlen scheint, und daß Menschen, die irgendwelche Verluste hinnehmen und verarbeiten konnten, Menschen sind, die wir eben als reifer, als menschlicher, als tiefer in ihrer Lebenseinstellung ansehen. Kulturkritiker haben gerade uns Deutschen vorgeworfen, daß wir die Fähigkeit zu trauern nicht übermäßig besäßen, und daß das besonders im Blick auf unsere jüngste Vergangenheit eine verhängnisvolle Sache sein kann. Die Fähigkeit zu trauern würde uns das Gefühl einer gewissen Distanziertheit den Dingen und uns gegenüber ermöglichen und damit erst gerade die Möglichkeit zur Solidarität und zur Aktivität. Und ich würde ernsthaft fragen, ob hier nicht auch ein Stück Erfahrung von Glück stecken kann: In dieser Distanziertheit, die auf Trauerarbeit erfolgt. In dieser letzten Einsamkeit, wenn sie verarbeitet und durchgestanden wird. Man wird vielleicht einwenden: Ist das nicht ein gewisser Stoizismus, der hier verkündigt wird? Aber demgegenüber muß man sagen, daß es jedenfalls historisch so gewesen ist, daß die klassische Stoa die Trauer überhaupt nicht hoch einschätzte. Sie sah sie als ein sinnloses Geschehen an, das man nach Möglichkeit gar nicht erst in sich aufkommen lassen sollte. Die Freiheit der Trauernden, die Trost gefunden hat, ist ganz etwas anderes als Stoizismus.

Und schließlich: *Selig sind die Sanftmütigen.* Mir war sehr interessant, daß dem jüdischen Philosophen Philo zu dem griechischen Wort, das hier steht, und das Luther mit „sanftmütig" übersetzt, ausgerechnet Mose eingefallen ist, der, von dem wir alle wissen, daß er ein zornmütiger Mensch gewesen sein soll, daß er im Affekt einen Ägypter erschlagen hat, daß er mit seinen Affekten immer ringen mußte. Aber gerade das ist dem Philo wichtig an dem Wort „Sanftmut", daß es eben nicht ein Temperament, eine Eigenschaft ist, die einer in die Wiege gelegt bekommen hat, sondern daß das Stichwort Sanftmut etwas bezeichnet, was nur das Ergebnis eines lebenslangen Prozesses sein kann: die Auseinandersetzung und das Ringen mit den eigenen Leidenschaften und Affekten. Wir wissen aus eigener Erfahrung, wie ungeeignet die Technik des Ignorierens der eigenen Schattenseiten ist, wie ungeeignet aber auch der frontale Kampf gegen leidenschaftlich aufbrausende Affekte in uns ist. Der einzige Weg, der in dieser Richtung plausibel gemacht werden kann, ist, daß ein Umgehen mit den eigenen Affekten und Leidenschaften zunächst einmal das Eingeständnis erfordert, wie wenig wir Herr im eigenen Hause sind. Und wer immer in beratender, seelsorgerlicher oder auch psychotherapeutischer Weise mit Menschen beschäftigt ist, der weiß, welche abenteuerlichen Anstrengungen wir immer wieder zu machen pflegen, um uns diese Einsicht zu verschleiern. Wir möchten nicht zugeben, wie wenig wir Herr im eigenen Hause sind. Warum wohl? Ich habe den Eindruck, daß dieses Eingeständnis, daß in uns Mächte vorhanden sind, die eine frühere Zeit als dämonische Mächte bezeichnete – und die in der Sprache der Überlieferung auch heute noch so heißen –, daß dieses Eingeständnis uns in eine innere Situation des Verlassenseins von guten beschützenden Mächten führt. Das Eingeständnis unserer Schattenseiten bringt uns in die Situation einer großen Verlassenheit. Und dagegen wehren wir uns. Und nun möchte ich aber behaupten, daß gerade der christliche Glaube jene tiefe Verlassenheit als den Quellort einer neuen Identität, einer neuen Sinnfindung deutet und interpretiert. Das „Mein Gott, warum hast du mich verlassen", ist ja gerade der Umschlag für eine neue Hoffnung, ist der Höhepunkt einer Geschichte, die damit einen neuen Anfang findet.

Es mag uns fast ein bißchen blasphemisch vorkommen, aber ich glaube, wir müssen es wagen, einmal zu formulieren: Wer sagen kann: Mein Gott, ich danke dir, daß du mich verlassen hast, wer erlebt hat, daß alle traditionellen, gewohnheitsmäßigen Gottesvorstellungen und Gottesbilder zerbrechen, der beginnt vielleicht zu ahnen, was wir aussprechen, wenn wir das Wort *Gott* sagen. Ich meine, von dieser Erfahrung her ist in der ständigen Auseinandersetzung mit unseren Leidenschaften vielleicht möglich, eine Sanftmut zu gewinnen, die das Erdreich besitzen soll.

Es wäre nun vielleicht nicht sehr schwer, das, was anhand der drei Seligpreisungen gesagt wurde, zusammenzufassen und deutlich zu machen an der Gestalt des Jesus von Nazareth und seinem Geschick.

Aber lassen Sie uns doch einmal versuchen, wie weit es trägt, wenn man sich die Mühe macht, die Symbole aufzugreifen und transparent zu machen, die sich eine Gesellschaft jeweils neu schafft. Eines dieser Symbole könnte ja sein, daß in diesem Jahr der Friedenspreis des Buchhandels an den polnischen Arzt Janosz Korczak verliehen worden ist. Damit ist doch angedeutet, daß in dieser unserer Gesellschaft dazu angeregt werden soll, sich diesen Mann und sein Geschick zu vergegenwärtigen. Der Arzt Janosz Korczak, der ein Jude war, betreute polnische Waisenkinder, und er ging mit seinen Kindern in die Gaskammern der nazistischen Massenvernichtungsmaschinerie. Dieser Janosz Korczak hat eine Psychologie entwickelt, die der Frage nachgeht, wie man ein Kind lieben soll. Das ist auch der Titel eines seiner bekanntesten Bücher. Daß man ein Kind lieben soll, steht für ihn außer Frage, aber er geht der Frage nach, *wie* man ein Kind lieben soll. Diese seine Psychologie hat in ihrem Zentrum eine bestimmte These: Daß ein Kind nicht erst ein Mensch werden soll, sondern daß ein Kind schon ein vollwertiger Mensch ist. Ein Kind braucht nicht erst durch Zuwendung, Mitmenschlichkeit, Nestwärme zum Menschen gemacht zu werden, sondern es ist ein Mensch. Und so kann man Kindheit und Erwachsen-Sein zusammenfassen, und Korczak schreibt

Kinderbücher, die für Erwachsene genauso spannend und aufregend zu lesen sind wie für Kinder, obwohl man sicher an den zeitgebundenen Äußerungen im Hintergrund einiges herummäkeln kann. Korczak kann jedenfalls Kindheit und Erwachsen-Sein mit einem Griff zusammenfassen. So wird das Kind nicht mehr als Objekt von pädagogischen Bemühungen der Erwachsenen angesehen, sondern die Trennung von Subjekt und Objekt ist aufgehoben, in eins verschmolzen, in fortlaufenden Akten tiefer Einfühlung. Und so kann man miteinander sterben. So geht Korczak in Gelassenheit mit den Kindern in den Tod, obwohl er sich hätte retten können. So gehen die Kinder ruhig in die Gaskammern, denn ihr Doktor ist ja da.

Ich glaube, Janosz Korczak könnte mehr werden als ein Symbol unseres schlechten Gewissens. Wir könnten uns heute fragen, ob wir ihn wirklich selig sprechen können, ob wir ihn einreihen in die lange Reihe derjenigen, von denen Jesus der erste war, der er Defizite und Mängel als Glück zu deuten verstand.

Selig der Arme, der Leidende, der Sanftmütige, denn er ist wahrhaft frei von den mancherlei Abhängigkeiten, unter denen wir seufzen. Ihm gehört das Himmelreich, der wahre Trost und das Erdreich unseres Herzens und unseres Gedächtnisses.   Amen.

Von der Geburt des neuen Menschen

Epheser 4, 22–24

Text: So löst euch ab von dem alten Menschen, der durch euern früheren Lebensstil geprägt ist und sich aufreibt im Taumel von Konsum zu Begierde. Erneuert euch in euerm Personkern und identifiziert euch mit dem neuen Menschen, der gottgemäß geschaffen ist in Gerechtigkeit und wahrhaftiger Heiligkeit.

Vielleicht, daß das WS 1973/74 eingeht in die Geschichte unserer Universität als das Semester, in dem die tiefgreifendsten Eingriffe und Veränderungen an unserer Hochschule vorgenommen wurden. Wir stehen dem mit gemischten Gefühlen gegenüber: Einerseits kann sich kein Einsichtiger der Notwendigkeit zu Reformen verschließen, aber, so wird befürchtet, könnte nicht etwas verloren gehen, was dann unwiederbringlich dahin ist, und setzen die Reformen auch an der richtigen Stelle und tief genug an?

Es kann nicht Aufgabe eines Gottesdienstes sein, die hochschulpolitischen und politischen Hintergründe des Landeshochschulgesetzes und des Hochschulrahmengesetzes zu beleuchten, sondern ich möchte die Aufmerksamkeit auf die Innenseite des Problems richten, auf die Herausforderung, die es für uns alle darstellt.

Studium, das hieß für den Studenten einmal ein erregendes Abenteuer des Geistes, das es ihm allmählich ermöglichte, zu sich selber zu finden, er selbst zu werden. Für uns Lehrende hieß die Arbeit an der Universität das Privileg einer unbeschränkten Freiheit zur Forschung und dazu, andere an dieser Forschung teilnehmen zu lassen. Aber manchmal, und besonders in der heutigen Situation, müssen wir uns fragen, ob das, was wir gelernt haben, noch verlangt wird oder ob wir das, was verlangt wird, auch gelernt haben. Viele unserer jungen Mitarbeiter sind dadurch verunsichert, daß sie nicht wissen, ob ihre Existenz an der Universität auch in Zukunft noch gesichert sein wird.

Nun soll hier kein Klagelied gesungen werden. Wir haben lange Privilegien genossen, die es bewirkt haben, daß ein Problem von größter Allgemeinheit lange an uns vorüber ging. In dem Augenblick nämlich, in dem unsere Rolle angetastet und in Frage gestellt wird, müssen wir uns fragen: wer bin ich wirklich, was läßt mich Ich sein? Was steht hinter meiner Rolle als Student, als Hochschullehrer, als Hausfrau, die aus irgendeinem äußeren Anlaß wie der Veränderung der Berufsbilder fragwürdig zu werden beginnt?

Wir haben für diese Situation auch einen schönen wissenschaftlichen Namen, der es uns erlaubt, mit dem Problem ein bißchen besser umzugehen. Wir nennen es eine Identitätskrise, die Unsicherheit nämlich, die vor allem viele Menschen in der zweiten Lebenshälfte erfahren, wenn ihre Berufsrolle unsicher und brüchig zu werden beginnt. Wenn wir um uns schauen und in uns hineinhorchen, dann liegen immer wieder drei Möglichkeiten als Reaktion auf diesen Tatbestand bereit: Protest, schnelle Anpassung, Resignation. Bei allen dreien ist uns nicht wohl. Protest, das ist doch eine Einstellung, die so tut, als ob es noch ein „Oben" gäbe, das umzustimmen wäre, und auf diese Weise könnten wir uns vielleicht von der Schwere der Verantwortung, die auf uns allein zurückfällt, entlasten. Anpassung ist ja so oft mit dem Opfer an Überzeugung erkauft und Resignation ist wie eine schleichende Krankheit, in die wir oft unversehens hineinrutschen, wo vielleicht noch Unheil zu verhindern gewesen wäre.

Eins ist nun sehr merkwürdig: Was uns an Identitätskrisen aufgezwungen wird, was wir erleiden und erdulden müssen, das führte jene Gruppe von Menschen, aus deren Geisteslage unser Text geboren wurde, offensichtlich bewußt herbei. Sie stellte es dar in einem symbolischen Akt von großer Ausdruckskraft, nämlich in der Taufe. Wer zur Taufe kam, wurde sehr sorgfältig auf sie vorbereitet, er legte seine alten Kleider ab, seine alte Identität, seinen alten Menschen. Er wurde einem Element von lebensbedrohender Intensität ausgesetzt, das ihm den Atem nahm und wenn er wieder emportauchte, nahm er mit dem neuen Atem gleichsam die Lebenskraft einer neuen Existenz in sich auf. Er wurde mit einem neuen Gewand wie mit einer neuen Existenz umkleidet.

Die Stichworte dieser bewußt herbeigeführten Identitätskrise waren freilich nicht Protest, Anpassung und Resignation, sondern Ablösung, Erneuerung, Neuidentifizierung. Wir haben heute in Verbindung mit der Taufe kein so symbolträchtiges, augenfälliges Ritual in unserer evangelischen Kirche mehr. Fast könnte man ein wenig neiderfüllt auf den Reichtum von Erfahrung in der alten Kirche schauen. Trotzdem könnte man der Frage nachgehen: Wenn wir uns freiwillig einer solchen Identitätskrise stellen würden – und nach Luthers Verständnis sollten wir das täglich mit der Erneuerung unserer Taufe tun – ob uns das vielleicht helfen könnte, mit den aufgezwungenen Krisen ein wenig besser fertig zu werden, sie besser zu bestehen, an ihnen nicht zu zerbrechen.

38

Wir sollen uns ablösen von einem Lebensstil, der den Menschen aufreibt im Taumel von Begierde zu Konsum. Viele Menschen fragen heute, ob es nicht ein schwerwiegender Irrtum war, die Befriedigung von menschlichen Bedürfnissen als eine der Grundlagen unserer Gesellschaftsordnungen, und zwar in Ost und West gleichermaßen, zu machen. Dies wird um so fragwürdiger, weil sich zeigen läßt, daß es eine Befriedigung triebhaft bedingter Bedürfnisse als Zustand eigentlich nicht gibt. Jede Befriedigung setzt neue Bedürfnisse aus sich heraus und das hätten wir spätestens seit Goethes Faust wissen müssen. Aber wir haben aus der Not eine Tugend gemacht und es uns zur Ehre angerechnet, uns als faustische Menschen zu verstehen. Dynamisch vorwärtsstürmend, immer Neues anpackend und verwertend. Vielleicht ist ja diese Haltung mit dafür verantwortlich zu machen, daß wir heute in eine solche bedrohliche Nähe zum totalen Untergang gekommen sind. Eine Haltung, in der es über lange Zeiträume so erschreckend klar war, wo vorn war, nämlich in der rücksichtslosen Ausbeutung der Natur, im uferlosen Wachstum von Produktion und Konsum, in der Maßlosigkeit unserer Wünsche, in der Grenzenlosigkeit unseres Fernwehs bis in den Weltenraum hinein. Vielleicht ist uns das alles im Blick auf die materiellen Bedürfnisse schon klar, wenngleich uns diese Einsicht so merkwürdig wenig einzubringen scheint, weil das, was von vielen als verantwortungsloser Unsinn längst erkannt ist, ja munter weiter geht.

Anders steht es mit den sublimeren Bedürfnissen, etwa denen nach menschlicher Nähe und Zuwendung. Wir müssen uns fragen, ob den Menschen, die gefühlshafte Defizite aus ihrer Kindheit aufzuweisen haben, und die es in großer Anzahl um uns gibt, wirklich zu helfen ist, indem wir sie mit Zuwendung überschütten; als ob sie das, was sie einst versäumten, einfach so nachholen könnten? Die Erfahrung zeigt: nein, es ist nicht so. Viele gutgemeinte Bemühungen der kirchlichen Seelsorge scheitern daran, daß eine Lawine von emotionalen Bedürfnissen in Gang gebracht wird, die dann oft zu einem Abbruch der seelsorgerlichen Beziehung führt. Einem Menschen ist erst dann geholfen, wenn er in all seinen Anklammerungstendenzen auch loslassen kann.

Vielleicht müssen wir neu formulieren, was wir unter Glück verstehen wollen, und ich wage es einmal so zu formulieren: Glück ist die Fähigkeit, loslassen zu können, weil nur sie frei macht und als Zustand von Dauer erlebt werden kann. Glück könnte sein: allein sein zu können ohne einsam zu sein; verzichten zu können, ohne am Mangel zu zerbrechen, sich mit der Begrenztheit der eigenen Existenz abfinden können; aus dem Wiederholungszwang und ewigem Kreislauf zwischen Lust und Verlangen herauskommen können.

Aber das alles ist nur vorstellbar, wenn im innersten Personenkern etwas neu wird. Dann sind wir vielleicht von dem Zwang entlastet, das Neue in der äußeren Realität zu suchen und doch nie zu finden und uns dabei schlicht aufzureiben.

II. Erneuerung statt Anpassung

Wer nicht loslassen und hergeben kann, der muß sich anpassen, sonst geht er zugrunde. Aber die Vorstellung vom total angepaßten Menschen ist sicher noch um vieles grausiger als die vom ewig faustischen Menschen. Sicher kann die bis zum Überdruß in den letzten Jahren diskutierte Frage, ob man erst die Verhältnisse ändern solle oder erst den Menschen, nicht in diese fatale und unglückliche Alternative gebracht werden. Manchmal ergibt sich aus einer kleinen Alltagserfahrung ein neuer Akzent auf das Problem. Mich hat in den letzten Wochen besonders stark bewegt, daß wir geradezu wie gebannt auf das Problem der Gewaltkriminalität starren. Sicher ein immenses Problem, und sicher bedarf es gigantischer Anstrengungen, um die Brutstätten solcher sozialen Defizite aufzuheben. Aber dann passiert es doch beinahe in aller Stille, daß buchstäblich Wohl und Wehe von Millionen Menschen dadurch aufs Spiel gesetzt werden, daß ein ehrbarer kleiner Unternehmer, der vorzüglich angepaßt erscheint, heimlich still und leise ein paar Tonnen Gift in den Gulli gluckern läßt.

Hier wird doch deutlich, daß sein Verantwortungsdefizit nur um Millimeter neben den Unverantwortlichkeiten liegt, mit denen zu leben wir uns angewöhnt haben, wenn wir eben noch bei Rot über die Kreuzung huschen, wenn es nur niemand gesehen hat; wenn wir das Finanzamt um ein paar Merk übers Ohr hauen oder listig eine Lücke im Gesetz entdecken, mit der wir uns einen kleinen eigenen Vorteil verschaffen können. Das „Pech" der Verursacher der Umweltskandale war ja nur, daß sie mit solch gefährlichen Stoffen handeln, aber sie haben auch nur mit den Devisen gelebt, mit denen wir auch leben, wie: das Hemd ist mir näher als der Rock. Hier wird erschreckend deutlich, wie blind und wie naiv es ist, sich auf immer perfektere Kontrollsysteme zu verlassen. Wenn es nicht zu einer inneren Erneuerung kommt, nützen alle Pläne zur Änderung der Verhältnisse nichts mehr. Es geht nicht um eine Anpassung an Normensysteme, nicht um Angst vor Kontrolle und Sanktionen, sondern schlicht um Verantwortungsbereitschaft, um die Bereitschaft, auf die Erfüllung des ach so menschlichen Bedürfnisses nach Profitstreben verzichten zu können. Es geht darum, hergeben, loslassen zu können, es geht um eine Erneuerung im Personenkern. Aber wie kann es dazu kommen?

III. Identifizierung statt Resignation

Es ist psychologisches und pädagogisches Einmaleins, daß solche Erneuerung nicht durch Forderungen und moralische Appelle erzielt werden kann. Lange haben wir gemeint, daß dem glaubwürdigen *Vor*bild eine hohe Wirkkraft zukäme. Aber es ist merkwürdig still geworden um die Redeweise von den Leitbildern. Ihr erschreckender Mißbrauch steht uns noch zu deutlich vor Augen.

Unser Text spricht vom Anziehen des neuen Menschen, und ich möchte das mit Identifizierung übersetzen, weil es ein viel tieferer Vorgang ist, als nur ein Leitbild vor Augen zu haben. Identifizierung nun nicht mit irgendeinem Menschen, sondern mit dem neuen Menschen, mit Jesus Christus. Heißt das, daß man aus Jesus auch so etwas wie ein ethisches Vorbild, ein Leitbild machen könnte? Die ungeheuren wissenschaftlichen Anstrengungen, die in den letzten Jahren um das Stichwort vom „historischen Jesus" gemacht wurden, könnten solches vermuten lassen. Aber ich möchte hier heute eine andere Linie verfolgen.

Es gibt im Neuen Testament einen eigenartigen Sprachgebrauch, der uns immer wieder Schwierigkeiten macht: es wird vom Sein „in Christus" gesprochen und damit ist so etwas wie sakramentale Gemeinschaft mit ihm gemeint. Ich weiß nicht, wieviele es unter uns gibt, für die ein solcher Ausdruck mit Erfahrungen abgedeckt ist. Damals war es sicher der Fall und mir scheint eins auch ganz sicher zu sein, daß das, was hier gemeint ist, in Gestalt einer tiefen Sehnsucht in uns lebendig ist. Einer Sehnsucht nach Identifizierung, in der die eigenen Ich-Grenzen fließend werden, wo das, was wir als höchste Errungenschaft des menschlichen Geistes angesehen haben, daß nämlich ein fest umrissenes Subjekt von einem festumrissenen Objekt abgegrenzt wird, überwunden werden kann, obwohl wir den Zustand der festen Ich-Grenzen als den Zustand von seelischer Gesundheit und Normalität ansehen. Aber gerade das scheint uns zu überfordern und unsere Mitmenschen machen die abenteuerlichsten Anstrengungen, um sich solche Erfahrungen zu verschaffen, es sind sicher mittlerweile bereits Millionen von Menschen, die hier Versuche anstellen.

Ich meine, wir Christen hätten uns vorzuwerfen, daß wir zu wenig Phantasie besessen haben, um einen solchen Schatz von Erfahrung, den wir in unserer Überlieferung haben, zur Anwendung zu bringen, wir sollten deshalb diese Sehnsucht wachhalten. Aber dem muß sogleich ein Korrektiv an die Seite gestellt werden: es geht nicht nur um die Erfahrung einer Identifizierung mit Christus, sondern es geht um die Einfühlung in den Mitmenschen. Dies ist etwas anderes als schrankenlose Zuwendung. Es soll sich konkretisieren in der Gemeinde, und hier haben wir wohl auch in den letzten Jahren Ansätze zur eigenen neuen Erfahrung in Gruppen gemacht. Und vielleicht, daß wir die sakramentale Sprengung unserer Ich-Grenzen auch wieder einmal festlich begehen können. Vielleicht, daß diese Identifizierung tatsächlich zur Erneuerung im Personenkern von Menschen führen kann. Daß solche Erneuerung ausstrahlen kann und wir uns lösen können von den Verkrampfungen in unsere alten Lebensstile. Vielleicht, daß wir dadurch die uns aufgezwungenen Identitätskrisen besser bestehen können. Vielleicht auch die Mühsal dieses neuen Semesters mit seinen unzähligen Sitzungen und Ausschüssen.

Daß dieses „Vielleicht" für viele von uns nicht nur eine vage Möglichkeit, sondern die feste Gewißheit eines Glaubens, einer Überzeugung und einer Zuversicht werden möchte, das ist mein Wunsch für uns alle für dieses neue Semester. Amen.

Fürbittengebet

Allmächtiger Gott, barmherziger Vater, wir wissen nicht, wie wir beten sollen, aber du hast uns geboten, Bitte, Gebet und Fürbitte zu tun für alle Menschen,
so bitten wir dich für deine Christenheit
    erneuere unsere Kirche und stärke alle, die in ihr Verantwortung tragen,
    laß uns glaubwürdig bezeugen in Wort und Tat, was uns unser Glaube bedeutet.
Wir bitten dich für unsere Hochschule in allen ihren Gruppen, laß uns forschen und suchen nach dem, was notwendig ist in dieser unserer Zeit.
Wir bitten dich für unsere Stadt und unser Land. Gib uns alle Zeit versöhnungsbereite Politiker und laß uns unsere Verantwortung recht wahrnehmen.
Wir bitten dich für den Frieden in aller Welt, vor allem im Nahen Osten. Hilf du zu einer Lösung, wo Menschengeist und Menschenhaß keinen Ausweg mehr finden.
Wir bitten dich für alle Menschen, hilf, daß wir uns nicht selbst verlieren in unserem Beruf und laß uns das Wichtige vom Unwichtigen unterscheiden.

Wir bitten dich für alle, die in Not und Gefahr sind.

Wende Menschenherzen, daß sie nicht ihre Mitmenschen quälen und foltern.

Gib uns den Blick der Liebe auch für die Andersdenkenden, die unserem Herzen fremd und feind sind.

Wir bitten dich für uns alle.

Nimm dich unser gnädig an, rette und erhalte uns, denn dir allein gebührt der Ruhm und die Ehre und die Anbetung, dem Vater und dem Sohne und dem heiligen Geiste, jetzt und immerdar und von Ewigkeit zu Ewigkeit. Amen.

Gericht – Krise – Trauer

Matthäus 25, 31–46

Ich glaube, es fällt uns doch recht schwer, so ohne weiteres vom Weltgericht zu sprechen und uns mit der Vorstellungswelt zu befassen, die bei der Bildung unseres heutigen Textes des Evangeliums im Hintergrund steht. Dabei scheint es doch kaum ein anderes Thema im Neuen Testament zu geben, daß die Phantasie und die Affekte, die Gefühle der Menschen in all den Jahrhunderten seither so stark angesprochen hat. Denken wir doch nur an all die Lieder, die zu diesem Thema gedichtet worden sind, von denen wir eben eines sangen, denken wir an all die Bilder, die gemalt worden sind, in denen das Weltgericht in den lebendigsten und bisweilen auch schauerlichsten Farben ausgemalt wurde. Oder auch die Affekte, die sich dagegen wandten! Die Epoche der Aufklärung etwa fand die Vorstellung vom Weltgericht peinlich, oder Mystik und Pietismus, die sehr viel Scharfsinn aufwandten, um den ärgerlichen Gedanken an ein endgültiges Gericht irgendwie wegzubringen, und man hat lange Zeiten über die Frage der Wiederbringung aller Dinge diskutiert, und das heißt Entschärfung des Gerichtsgedankens. Oder in der Gegenwart spricht man oftmals davon, daß hier wohl so etwas wie ein mythologischer Rest vorhanden sei, den man überwinden müsse. Ich möchte behaupten, liebe Gemeinde, daß ein Thema, das jahrhundertelang menschliches Denken und menschliches Fühlen beschäftigt hat, nicht einfach spurlos verschwinden kann, nicht einfach untergehen kann, nicht einfach weg sein kann aus unserem Bewußtsein. Vielleicht ist es tatsächlich nur ein Sprachproblem. Es ist eine merkwürdige Sache, wenn man das Wort „Gericht" ins Griechische übersetzt, und von Krisis spricht, dann ist das Wort da und wir können auch sagen, es ist so etwas wie ein Krisengerede unter uns lebendig, das Wort Krise ist in aller Munde. Verbirgt sich hinter dem Reden von der Krise vielleicht das, was in der Überlieferung mit dem Reden vom Gericht gemeint war? Lassen Sie uns versuchen, das einmal zu bedenken.

Wir alle sprechen von persönlichen Krisen, sie sind sozusagen vorgesehen in unserer Entwicklungspsychologie. Wir sprechen von Wachstumskrisen, Reifungskrisen, von Pubertätskrisen, wir sprechen von Leistungs- und Berufskrise, ja an der Lebenswende sprechen wir von einer klimakterischen

Krise, in der es nun darauf ankomme, die zweite Lebenshälfte neu zu gewinnen und eine neue Lebenshaltung zu ihr zu finden. Und wenn wir in eine solche persönliche Krise geraten, dann meinen wir einen Zustand, in dem uns Lebensmut und Lebenssinn beeinträchtigt ist und genommen zu sein scheint, in dem unser Selbstgefühl ausgehöhlt und zerstört ist, wo wir den alltäglichen Aufgaben unseres Lebens plötzlich hilflos gegenüberstehen, wo wir uns fragen, werde ich diese Seminararbeit überhaupt noch schaffen oder bin ich nicht viel zu dusselig dazu, das zu schaffen. Wo ich mich frage, werde ich nächste Woche meine Vorlesung noch so über die Runden bekommen, daß es wichtig ist, daß Menschen etwas davon haben, und vieles andere mehr. Wir alle kennen aus unserem Umkreis Menschen, die aus einer solchen persönlichen Krise keinen anderen Ausweg wußten, als Hand an sich selber zu legen, Selbstmordversuche anzustellen oder sich selbst umzubringen. Die damit sozusagen einen Richterspruch über sich selber vollziehen, die sich selbst schuldig sprechen. Oskar Pfister, der Züricher Pfarrer und einer der ersten Theologen, die an die Psychoanalyse gerieten und den eine lebenslange Freundschaft mit Sigmund Freud verband, die zu einem sehr regen Briefwechsel geführt hat, hat ein nicht veröffentlichtes Manuskript hinterlassen, das erst vor wenigen Jahren wieder aufgetaucht ist, in dem er doch offenbar den Versuch macht, das zusammenzufassen, was er in über fünfzigjähriger seelsorgerlicher und psychoanalytischer Tätigkeit erfahren hat. Und dieses Manuskript trägt den merkwürdigen Titel: „Der innerste Richter". Einer, der ständig mit den Krisen von Menschen zu tun hat, kommt am Ende seines Lebens zu der Überzeugung, daß in dieser unserer Welt – Pfister ist in den fünfziger Jahren, Ende der fünfziger Jahre gestorben – das Lebensgefühl der Menschen dadurch getragen ist, daß sie so etwas wie einen innersten Richter haben, der sie nicht zur Ruhe kommen läßt.

Könnte man vielleicht sagen, daß das, was mit der Redeweise vom Jüngsten Gericht ausgesagt werden soll, privatisiert worden ist in das Innerste des menschlichen Lebens, Fühlens und Denkens. Und zwar so, daß wir kaum über das Jüngste Gericht sprechen können, daß wir aber, wenn wir in eine Krise geraten, sehr wohl empfinden können, was es heißt, verurteilt zu sein? Aber wir sprechen auch von zwischenmenschlichen Krisen, vornehmlich Ehekrisen. Eheberater geben sich sehr viel Mühe, Menschen immer wieder darauf hinzuweisen, daß eine Ehe ohne Krisen eigentlich gar keine richtige Ehe ist, daß es in jeder Ehe einmal Krisen geben müsse, daß es nur darauf ankommt, diese Krisen in irgendeiner Weise zu verarbeiten, daran zu reifen und zu wachsen. Oder das Verhältnis zwischen den Generationen gerät immer wieder in krisenhaftes Geschehen hinein, gerade in dieser unserer Zeit besonders deutlich. Und diese Krisen bezeichnen wir oft als Vertrauenskrise.

Ein Zustand, in dem wir uns gegenseitig nicht mehr gefühlsmäßig stärken und stützen, uns wechselseitig nicht mehr als hilfreich empfinden, sondern wo dann einer anfängt, den anderen schuldig zu sprechen. Und wo es immer wieder vordergründig um die Schuldfrage geht.

Wer ein gutes Jahrzehnt und länger als Eheberater gearbeitet hat, liebe Gemeinde, der weiß, wie stark jedesmal, wenn ein Ehekonflikt und eine Ehekrise auftaucht, das Schuldproblem auf den Tisch kommt und nach einem Krisenmanager gerufen wird, der als Berater nun sagen soll, wer eigentlich die Schuld hat. Ganz deutlich wird das ja nun bei den großen gesellschaftlichen Krisen, wo irgendein Faktor, an den niemand gedacht hat, ein krisenhaftes Geschehen auslöst, wie gegenwärtig das Öl, und man hat doch den Eindruck, daß es ein ganz starkes Bemühen der Menschen ist, dabei jemanden zu finden, der schuld ist an einem solchen Krisengeschehen. Ganz extremerweise haben wir es bei der großen Weltwirtschaftskrise Anfang der dreißiger Jahre gesehen, da konnten die Leute kommen und sagen, es ist das internationale Judentum, das diese Krise bewußt angezettelt hat, und ein ganzes Volk war bereit, dieser Parole zu folgen. Ab heute haben wir die Ölscheichs, die schuld sind, und es stockt einem ja doch der Atem, liebe Gemeinde, wenn man in diesen unseren Tagen tatsächlich Stimmen hört die sagen, am besten wäre es, wenn man mal wieder ein kleines Afrika-Corps dahinschicken würde und den Burschen beibringen könnte, wie sie sich zu verhalten haben, damit wir nicht zu frieren brauchen. Es scheint kaum glaublich, aber so etwas wie einen Schuldigen, gegen den eine Strafaktion zu starten ist, ist das Ergebnis solchen krisenhaften Geschehens.

Man kann an dem allen sehen: die Krise ruft nach einem Krisenmanager, der entweder den inneren Richter zum Schweigen bringen soll oder aber der dafür sorgt, daß ein Schuldiger dafür gefunden wird, gegen den man seine Aggressionen richten kann. Die Krise hat es also immer mit Schuld zu tun in einer doppelten Weise, daß wir entweder die Schuld bei den anderen suchen und sie dort bekämpfen oder daß wir uns in einer merkwürdig gegensätzlichen Haltung dazu selbst so verurteilen, daß wir in eine persönliche Krise hineinrutschen, in der unser Selbstwertgefühl in Gefahr gerät und zerstört werden kann.

Nun, dem entspricht ja auch die Entwicklung, die wir etwa bei unseren Kindern beobachten können; wir können ganz sicher beobachten, daß jedes kleine, krisenhafte Geschehen, das in der Entwicklung auftaucht, in einem frühen Stadium der kindlichen Entwicklung immer dazu führt, daß nach außen die Schuld projiziert wird. Ein kleines Kind, das sich an einem Tisch stößt, kann den Tisch hauen und sagen: du blöder Tisch, daß ich mich an dir gestoßen habe. Und es scheint ein Ergebnis einer bestimmten Entwicklung und Erziehung zu sein, das fast gesetzesmäßig später eintritt, daß von einem bestimmten Punkt an, wenn etwas schief geht, wenn etwas mißlingt, die Schuld bei einem selber gesucht wird, man sich selber schuldig spricht, oftmals (denken wir an die Pubertätskrisen) bis hin zur Verzweiflung.

Vielleicht kann man noch einen Schritt weitergehen und sagen, diesen beiden Entwicklungsschritten entspricht auch die Religionsgeschichte: In den sogenannten primitiven frühen Religionen wird der Fetisch geprügelt, wenn irgend etwas schief geht, in späteren entwickelteren Religionen wird die Schuld bei einem selbst gesucht.

Ich meine, daß wir nun Gerichtsgedanken und Krisenempfinden miteinander verbinden können: Der Gerichtsgedanke taucht ja in allen Religionen auf und er hat sicher hin und wieder die Funktion eines Krisen-Managements gehabt. Einmal in der Funktion naiver Selbstvergewisserung als naiver Vergeltungsgedanke, der immer wieder in den Dokumenten der religiösen Überlieferung zu finden ist, in der Vorstellung, daß es jenen, denen es hier gut gegangen ist, in einem Jenseits schlecht gehen wird; denjenigen, denen es hier schlecht gegangen ist, wird es in einem Jenseits gut gehen. Und ich selber kann mich noch erinnern, als ich als Kind in pietistischen Kreisen großgeworden, von diesen Erwachsenen oftmals sehr drastische Schilderungen bekam, wie das Verderben der Welt doch eigentlich so groß sei, daß geradezu mit Lustempfindungen in den Augen dieses Verderben der Welt geschildert wurde. Manchmal denke ich an diese alten Leute, die meine Kindheit begleitet haben, wenn ich heute so manchmal höre, wie das Verderben und die Fäulnis und die Korruption und die Krise der kapitalistischen Gesellschaft so richtig mit Lust in den Augen von manchen beschrieben wird. Ich glaube, da steckt etwas Ähnliches wie diese Mentalität dahinter: ein Stück Selbervergewisserung – wir gehören ja Gott sei Dank nicht dazu!

Aber dasselbe taucht nun auch in der Funktion der Verunsicherung auf, daß nämlich die Erfahrung zeigt, daß der Mensch offenbar nicht zähmbar erscheint, daß seine Triebe nicht bewältigbar erscheinen, wenn er nicht verunsichert wird, wenn er nicht mit Strafe sozialisiert wird, wenn er nicht durch Strafandrohung dazu gebracht wird, auf die Durchsetzung seiner sozialschädlichen Triebe zu verzichten. Und kein Mensch wird bestreiten können, daß dies immer wieder eine Funktion von Religion gewesen ist, mittels der Androhung aller Höllenstrafen (und daß dies auch eine Funktion von christlicher Religion gewesen ist, müssen wir als unsere Schuld wohl mit akzeptieren und eingestehen), durch Erzeugung von Angst den Verzicht auf sozialschädliche Triebe zu erzwingen.

Wir haben uns jetzt zu fragen, ob der Beitrag, den dieses unser heutiges Evangelium, unser heutiger Text liefert, vielleicht etwas ist, was über diese beiden Möglichkeiten hinausgeht, Schuld bei sich selber zu sehen und an ihr zu zerbrechen, oder Schuld auf andere zu projizieren und sie dort aggressiv zu bekämpfen. Ich frage mich, ob dieser Text darüber hinausgeht, was uns an allgemeinen Gerichtsgedanken nun vor Augen liegt. Zwei Mißverständnisse muß man besonders erwähnen: Ich glaube nicht, daß die Pointe dieses Textes da liegt, wo ihn heute viele sehen, ich nenne das Stichwort „Sozialevangelium", das heißt, daß Gott uns ausschließlich und allein im Mitmenschen begegnet und daß dieser Text davon etwas sagen will, daß die Realität Gottes, die Wirklichkeit Gottes nur noch so erfahren und gelebt werden kann, daß uns Gott in Jesus im leidenden Mitmenschen begegnet. Und ich glaube auch nicht, daß die Pointe dieses Textes da liegt, wo sie nun von manchen, die kritisch diesem Text gegnüberstehen, hingeschoben wird, daß es hier darum ginge, sich wieder in den stillen Winkel des Almosengebens zurückzuziehen und bestimmte weltverändernde Aktivitäten aufzugeben.

Ich würde tatsächlich die Pointe und den entscheidenden Punkt dieses Textes woanders sehen. Eigentlich geht es ja um drei Gruppen, die hier geschildert werden. Da wird die eine Gruppe geschildert, nämlich die, die den geringsten Brüdern den Liebesdienst schuldig geblieben sind. Und die vor lauter Denken an Gott und Denken über Gott nicht dazu gekommen sind, das Gute zu tun. Aber obwohl sie nicht extra genannt sind, werden auch die nicht etwa freigesprochen, die das Gute tun, weil sie die Strafe fürchten. Sondern – und das ist die dritte Gruppe – gerettet wird der, der den geringsten Brüdern das Notwendige tut und gar nicht weiß, daß er es dem Herrn tut, und der bei seinem Tun gar nicht primär an Jesus denkt. Denn in diesem merkwürdigen Prozeß, der hier geschildert wird, liebe Gemeinde, gehen ja nicht nur die Verurteilten in die Berufung, sondern auch die Freigesprochenen, indem sie sagen Herr: wann? Sie wissen ja gar nicht, daß sie im Nächsten ihm, dem allmächtigen Richter, begegnet sind. Das heißt doch: das Urteil, das hier gesprochen wird, entspricht so gar nicht dem natürlichen Gerechtigkeitssinn, dem gesunden Volksempfinden, das offenbar immer nur diese beiden Möglichkeiten kennt: Bestätigung durch Schuldigerklärung der anderen oder Verunsicherung durch eigene Schulderklärung.

Ich glaube, daß dieser Text auf einen Punkt zielt, wo so etwas wie eine neue Gerechtigkeit gefordert ist. Eine neue Gerechtigkeit, die besser ist als die der Pharisäer und Schriftgelehrten. Es ist die Gerechtigkeit, die das Gute ohne Aufpasser tun kann, die dem Mitmenschen nichts schuldig bleibt, nicht deshalb, weil man Angst vor den ewigen Höllenstrafen hat, sondern weil man sich in diesen Mitmenschen einfühlen kann, weil man seine Schwierigkeiten und Nöte versteht, weil man unmittelbar empfinden kann, was er braucht. Jesus bringt diese neue Gerechtigkeit und er lebt sie, indem er sich nicht sklavisch an Gesetze, Regeln und Normen bindet, sondern dadurch, daß er diese Tabus brechen kann, wenn es der Dienst am andern erfordert.

Ganz deutlich wird es etwa immer wieder an dem Streitpunkt, der ja in vielen Streitgesprächen Jesu mit den Gläubigen seiner Zeit eine Rolle spielt, der Sabbatfrage. Hier wird ganz deutlich, daß der Sabbat, daß die äußere menschliche Ordnung um des Menschen willen da ist und nicht der Mensch um dieser Ordnung willen.

Vielleicht könnte man an diesem Punkt, liebe Gemeinde, das ansetzen, was Volkstrauer und Volkstrauertag in dieser unserer Zeit heißen könnte. Wir sind ja weit entfernt von dieser besseren Gerechtigkeit, die keinen Aufpasser braucht, die das Gute um seiner selbst willen tut. Wir erleben das ja tagtäglich sehr drastisch. Am vorigen Freitag: große Appelle der Bundesregierung, doch nach Möglichkeit den Energieverbrauch einzuschränken. Und was passiert? In dem Augenblick, wo der Mensch zurücktritt in die anonyme Masse, wo er nicht kontrolliert wird, versucht er schnell noch möglichst viel Benzin für sich zu kriegen und mittags um 12 bricht die Benzinversorgung in Kiel zusammen. Das zeigt uns schlaglichtartig, daß die Möglichkeit, durch Einsicht und Einfühlung in einer Krisensituation Probleme zu lösen, noch weit von unserer Wirklichkeit entfernt ist. Die Skeptiker sagen, die Leute brauchen den Aufpasser, die brauchen immer strengere Gesetze, damit sie sich einigermaßen anständig verhalten. Und trotzdem meine ich, sollten wir diesen Skeptikern und Zynikern nicht recht geben, können ihnen nicht recht geben im Namen Jesu, denn Jesus hat diese neue Gerechtigkeit in diese unsere Welt gebracht und sein Wille und sein Vermächtnis ist es, das sie unter uns lebendig bleibt.

So, meine ich, haben wir uns immer wieder an das heranzumachen, was Trauerarbeit heißen könnte. Das heißt, aus den Verlusten und aus dem furchtbaren Elend, das unsere Geschichte mit sich gebracht hat, und an dem wir mitschuldig geworden sind, etwas zu lernen. Einen Verlust so zu verarbeiten, daß man die Lebenskräfte von diesem Verlorenen abziehen kann, und die Erfahrungen, die damit verbunden waren, dankbar auf etwas Neues richten kann. Ich meine, wenn es eins wäre, das uns von der Vergangenheit abzieht, dann doch dies, daß wir es uns nie wieder in der Geschichte unseres Volkes leisten können und dürfen, den unbesehenen und unhinterfragten Gehorsam dämonischen Mächten gegenüber zum Lebensprinzip werden zu lassen. Und ich meine, dies wäre ein Stück gelungener Trauerarbeit, wenn es gelingen könnte, zu verstehen, was uns in der Vergangenheit unseres Volkes in diese entsetzliche Situation gebracht hat. Und ich möchte fast behaupten, es ist dies, daß wir immer nur wieder diese zwei Möglichkeiten sehen, Schuld bei anderen zu sehen oder an unserer eigenen Schuld zu zerbrechen.

Wenn wir Deutsche trauern, dann müßte diese Trauer auch umfassen die Trauer darüber, daß wir uns zum Gehorsam drängen ließen, wo wir hätten Widerstand leisten müssen, weil uns der Anblick und der Anruf des leidenden Mitmenschen wichtiger hätte sein müssen als das Spektakel von Macht mit seinen Gerichtsandrohungen. Jesus will uns einen Weg zeigen, der jenseits des persönlichen Krisenweges liegt: eine Haltung, durch die wir uns selbst akzeptieren können, weil er uns akzeptieren will. Er will uns auch einen Weg zeigen, der nicht eine kollektive Krise nach der anderen anzettelt durch eine Haltung, die jeweils den anderen verurteilt und ihm die Schuld gibt. Er sucht Menschen, die nicht aus Angst vor Strafe das Gute tun, sondern in Selbstverständlichkeit offen sind für die geringsten Brüder und sich wirklich in sie einfühlen können. Ich weiß, diese Stimme klingt sehr leise in dieser unserer Welt, vor dem Getöse der öffentlichen und privaten Tribunale, die wir immer wieder veranstalten, aber es liegt an uns, ob wir dafür sorgen, daß diese leise Stimme, die einen dritten Weg gehen will, nicht verstummt und immer wieder zu Gehör kommt. Sorgen wir dafür, daß sie hörbar bleibt. Amen.

Von der Erfahrung der Freiheit

Jeremia 31, 31–34

Singen kann man aus Angst! Wir alle kennen das Bild von dem Kind, das im dunklen Wald oder im dunklen Zimmer singt, und wenn es seine Stimme hört, hat es etwas weniger Angst. Manchmal hat man den Eindruck, sehr viel von dem, was an heutiger Musik unter uns lebendig ist, hat diese Funktion zu entängstigen; es muß ja auch immer so schön laut dabei zugehen.

Aber singen kann man auch, weil man bestimmte Erfahrungen gemacht hat. Weil man diese Erfahrungen ausdrücken möchte und ein solcher Ausdruck von Erfahrungen kann dann wieder etwas von der ursprünglichen Erfahrung zurückbringen, ja kann diese Erfahrung sogar anderen Menschen vermitteln. So kann ein Lied, eine Melodie, eine tiefe Erfahrung in uns auslösen, es kann in uns etwas erwecken, was vielleicht lange verschüttet war und was nun plötzlich wieder lebendig wird. So haben durch die Jahrhunderte hindurch Menschen immer wieder ihrem Gotte gesungen. Die ältesten Zeugnisse biblischen Glaubens sind Lieder. „Singt Jahwe, der hoch erhaben ist, Roß und Reiter warf ins Meer." Und man kann einstimmen und sich diese Erinnerung vergegenwärtigen, diese Erfahrung lebendig halten. Es ist der Herr, ja wirklich, es ist der Herr! „Der Herr ist auferstanden, er ist wahrhaftig auferstanden." Wer wollte bestreiten, daß das echte und tiefe Erfahrungen sind? Und so kann man vielleicht auch einmal, vielleicht an einem Geburtstag, auch singen: „Lobe den Herrn, der alles so herrlich regiert", und dieses Lied erweckt die Vorstellung, die vielleicht lange verschüttet war in einem, daß man seine kleine Hand in die Hand seines Vaters oder seiner Mutter legte, und sie einen führten und man kann dieses Grundgefühl von Geborgenheit in sich wieder erwecken, auf das wir offenbar doch sehr angewiesen zu sein scheinen. Denn gerade dieses Bild: er nimmt mich bei meiner Hand, dieses Bild wird beschworen, wenn der Prophet hier vom alten Bund spricht, so wie ein Vater sein Kind bei der Hand nimmt, so hat der Herr das Volk an der Hand genommen und geführt. Ich glaube, daß dies ein Motiv ist, das immer wieder durch die Jahrhunderte hin das religiöse Denken und Fühlen und Empfinden und die religiöse Erfahrung der Menschen angeregt hat. Als wir Studenten waren, haben wir uns geradezu einen Sport daraus gemacht, die

Schale unseres Spottes über solche Ausdrucksformen religiöser Erfahrung auszugießen, wie sie sich etwa in dem Lied „So nimm denn meine Hände" ausdrückten, das wir als den Inbegriff des Kitsches ansahen, und so ist es denn auch gelungen, solche Vermittlungsmöglichkeiten religiöser Erfahrungen fast völlig zu tilgen.

Aber solche Erfahrungen, die ich eben versucht habe kurz anzusprechen, solche Erfahrungen, wie sie mit der Beschreibung vom alten Bund beschworen werden, solche Erfahrungen sind nicht universell. Sie sind ausschnitthaft und punktuell. Es sind winzige Inseln in einem großen Strom von ganz andersartigen Erfahrungen. Und so ist denn auch dies die Gefahr, daß solche Erfahrungen in unserem Leben wie Inseln übrig bleiben, daß sie eine Sonderwirklichkeit konstituieren, die mit unserer Lebenswirklichkeit nichts mehr zu tun hat; daß sie eine besondere Zeit herausheben, die uns als eine besondere Zeit der Erfahrung im Gedächtnis bleibt, aber unvermittelbar ist zu unserem übrigen Leben.

Freilich kommen wir alle mehr oder weniger stark von solchen Grunderfahrungen her, wir stellen uns heute doch sehr stark die Kindheit vor als das Übereinstimmen von äußerer und innerer Erfahrung, wo wir in den äußeren Erfahrungen, die wir machen können, innere Erfahrungen ansammeln und dann wieder erwecken können, etwa die von Geborgenheit, die zu dem führt, was wir Urvertrauen nennen. Doch viele machen schon von Anfang ihres Lebens an die Grunderfahrung, daß am Anfang ihres Lebens eben nicht Geborgenheit und Urvertrauen stehen kann, sondern Unsicherheit und schlechtes Gewissen. Vielleicht hat es tatsächlich in der Menschheitsgeschichte, in dem, was wir archaische Gesellschaft nennen, eine Epoche gegeben, in der die Menschheit so lebte, daß eine Identität von innerer und äußerer Erfahrung bestand, daß eine Identität von Profanem und Sakralem bestand und der Zwiespalt, der eben angesprochen wurde, überhaupt nicht erlebt wurde. Aber soweit die Zeit reicht, die wir geschichtlich klar überblicken können, ist diese Einheit von Sakralem und Profanem sehr schnell vergangen, obzwar die Menschen immer wieder Anstrengungen gemacht haben, religiöse Erfahrungen und Alltagserfahrungen zu vermitteln. So etwa in dem Bestreben, die Ausübung von Macht als göttlich zu legitimieren mit der Vorstellung vom Gottesgnadentum der Fürsten und Herrscher, mit der Fürbitte um gut Regiment, Obrigkeit und Polizei. Vielleicht sind davon noch Reste vorhanden in dem Bestreben, einen Politiker zu einer Art „Übervater" hochzustilisieren, zu einer Rolle, die er vielleicht überhaupt nicht tragen kann und will, aber der gegenüber man noch einen Rest von Geborgenheit spüren kann. Oder dasselbe Bestreben mag doch wohl auch dem Versuch zugrunde liegen, die Institutionen von Bildung und Wissensvermittlung mit der Weihe und Würde göttlicher Weisheit zu umkleiden und zu umhüllen. Und vor allem die Kirche hat es immer wieder verstanden, ihre Amtsträger als den Idealtypus von echter, göttlicher Väterlichkeit ins rechte Licht zu rücken. Doch zu stark brach hinter der Machtverwaltung immer wieder der Terror hervor. Zu dürftig verhüllten die feierlichen Talare die mannigfachen Verlegenheiten im Wissenschaftsbetrieb. Zu kraß zeigten sich hinter dem väterlichen Wohlwollen immer wieder massive Interessenvertretungen.

Auch die Erfahrungswissenschaften vermitteln uns heute nicht mehr das, was wir Erfahrung in einem qualifizierten Sinn nennen. Sie werden immer stärker ein riesiges Magazin der Speicherung von Fakten und Daten. Die geschichtliche Erfahrung, die äußere Erfahrung, das was den alten Bund charakterisierte als religiöse Erfahrung, ist auch uns Heutigen bis auf Restbestände verschlossen. Und so wenden wir uns Dingen zu, die wir innere Erfahrung nennen. So ist ein starkes Bestreben unter uns spürbar, so etwas wie innere Erfahrung herzustellen, der inneren Erfahrung eine Chance zu geben, von innerer Erfahrung zu berichten, innere Erfahrungen auszutauschen. Ich möchte versuchen, ein solches Stück innerer Erfahrung unserem Text an die Seite zu stellen.

Da schreibt einer: „Wir können die Erfahrung machen, daß die Leute, die uns quälen und mit denen wir uns quälen, also die mit den Polizei-, Pfaffen- und Schulmeistergesichtern, die quälerischen Prüfer und Revisoren unseres Lebens, ihre knechtende Macht über uns verlieren und wir uns ihrer Kritik gegenüber zur Kritik *ihrer* Ratschläge, Befehle und Zensuren erheben." Dies ist nun nicht, wie vielleicht mancher von Ihnen dachte, der Erfahrungsbericht eines, der die Studentenbewegung der letzten Jahre durchgemacht hat und zu einer solchen Erfahrung gekommen ist, sondern der evangelische Theologe Friedrich Niebergall schrieb das vor 60 Jahren mitten in den herrlichen Zeiten Kaiser Wilhelm II. zur Auslegung dieser Stelle vom neuen Bund.

Die Trostfunktion unseres Textes besteht doch wohl darin, liebe Gemeinde, daß dieser Text Menschen, die an der äußeren geschichtlichen Erfahrung mit ihrem Gott verzweifelt sind, eine neue Dimension der inneren Erfahrung eröffnen will. Gegen eine religiöse Wirklichkeit, die zu immer genauerer Befolgung von immer präziseren äußeren Vorschriften und Ritualen pervertierte, stellt unser Text die Vision von der Unmittelbarkeit des Herzens: „Ich will mein Gesetz in ihr Herz geben."

Gegen eine Realität des Herrschaftswissens auch in religiösen Dingen stellt er die Direktheit des eigenen Innern: „Ich will mein Gesetz in ihrem Sinn schreiben."

Gegen die Hierarchie von Lehren und Lernen, von Fragen und Antworten stellt er die prinzipielle Gleichheit von klein und groß, alt und jung: „Und wird keiner den anderen noch ein Bruder den anderen lehren und sagen: erkenne den Herrn, sondern sie sollen mich alle kennen, beide, klein und groß, spricht der Herr.“

Aber wo sollen wir denn da hinkommen? Es ist kein Wunder, daß wir professionellen Ausleger an diesem Punkt nervös werden. Wo sollen wir hinkommen, wenn die normierende Funktion der Überlieferung überflüssig werden soll, und das ist doch offenbar die Meinung des Textes. Wo sollen wir hinkommen, wenn die Vermittlungsaufgabe, der wir uns mit so viel Mühe und Akribie immer wieder widmen, hinfällig werden soll? Wo sollen wir hinkommen, wenn ein Kind und ein Jüngling genauso viel Inspiration haben soll wie ein in Ehren ergrauter Theologieprofessor?

Es mag Stimmen geben, die vielleicht sogar mit so etwas wie ein wenig Schadenfreude darauf hinweisen können, daß es in der Tat in der Geschichte Beispiele dafür gibt, wo man hingekommen ist, wenn man einen solchen gefährlichen Text, der soviel Zündstoff enthält, so ernst nimmt. Sie weisen auf die schwärmerischen Bewegungen des 16. Jahrhunderts hin, die dann irgendwo im Chaos endeten. Und so haben wir Theologen uns wohl sehr bemüht darum, diesen Text zu entschärfen. Wir haben einen herrlichen Fachausdruck dafür geprägt, nämlich den vom „eschatologischen Vorbehalt“. Eine solche Vorstellung, wie sie hier artikuliert wird, erscheint dann nicht vorstellbar für das, was hier in dieser unserer Welt passieren soll, sondern wir sagen: So könnt Ihr Euch allenfalls den Himmel vorstellen.

Trotzdem meine ich, daß ein solcher Text, nachdem er sich einmal artikuliert hat, keineswegs sich nur damit zufrieden gegeben hat, eine jenseitige, vielleicht einmal in einer ganz, ganz fernen Zukunft kommende Vorstellung zu artikulieren, sondern daß er immer wieder Formen der Verwirklichung und der Erfahrung geschaffen hat. Immer wieder deuten Menschen ihre innere Erfahrung, durch die sie sich frei fühlen können von Hetoronomie und Fremdbestimmung, in den Kategorien des neuen Bundes. Ob das nun in der Mystik geschah, ob es sich in der idealistischen Philosophie aussprach oder auch in den neureligiösen Bewegungen der Gegenwart, wo religiöse Erfahrungen gemacht werden, ohne daß sie kirchlich approbiert sind.

Freilich darf nicht verschwiegen werden, daß das alles gefährlich ist; jedes Leben ist gefährlich, überall, wo Leben ist, ist etwas Gefährliches im Spiel. Es kann zu der verhängnisvollen Verwechslung kommen zwischen dem, was hier gemeint ist und dem, was sich in der Geschichte artikuliert hat als das „autonome Individuum“. Dieses autonome Individuum und seine absolute Herrschaft hat man mit dem verwechselt, was hier gemeint ist. Deshalb sollten wir ein tiefes Mißtrauen behalten gegen alle, die Endzustände formulieren und die sagen, wir haben es jetzt erreicht, jetzt ist etwas Endgültiges eingetreten, jetzt kann es nicht mehr weiter und nicht mehr vorwärts gehen.

Unsere tiefste innere Freiheit und Identität ist kein Gegenstand der Erfahrung. Wer immer den Versuch gemacht hat, einmal sich selber standzuhalten, ein wenig in sich selber hineinzuhorchen, der wird sicher auch die Erfahrung gemacht haben, von der viele, viele Menschen berichten, daß wir in dem Versuch, uns selber zu erfahren, nicht unsere Freiheit und unsere Identität erfahren, sondern unsere Unfreiheit, das Auseinanderbrechen von dem, was wir gerne sein *möchten*, und dem, was wir realisieren können. Das, was die Sprache der Überlieferung mit „Sünde" bezeichnet. Viele Menschen, die in sich hineinhorchen, machen nur die Erfahrung, daß sie da auf ein schlechtes Gewissen und auf Schuldgefühle stoßen, und ich glaube, man kann diese Erfahrung nicht so leichtfüßig damit wegräumen, daß man sagt, nun, das liegt nur daran, daß die sehr blödsinnig erzogen und schlecht sozialisiert wurden. Mit ein paar Handgriffen an den Sozialisierungstechniken können wir das sicher ändern. Ich werde immer skeptischer dieser Frage gegenüber. Und deshalb steht hier – wie ich meine mit Recht – an dieser zentralen Stelle das Wort von der Vergebung. Sie ist die Grundlage für jene Freiheit, von der unser Text spricht und von der auch Friedrich Niebergall auf seine Weise zu sprechen versucht; daß uns nämlich Tradition, Überlieferung, Herrschaft, Wissen sekundär wird gegenüber einer ganz unmittelbaren inneren Erfahrung.

Was hindert uns eigentlich, liebe Gemeinde, jene Erfahrung, die Menschen heute offenbar wirklich machen, daß sie ein bißchen mehr aufatmen können, daß sie ein wenig mehr Freiheit von inneren Zwängen erfahren, daß sie ein wenig mehr heraustreten können aus der beklemmenden Passivität gegenüber Autoritäten, daß wir diese Erfahrung qualifizieren als Erfahrungen im Sinne dieser Verheißungen vom neuen Bund? Sicher bleibt es nach wie vor die Aufgabe, die Geister zu prüfen und keiner sollte sich dieser Prüfung entziehen. Aber was von vornherein an Erfahrung abqualifiziert wird, was von vornherein gar nicht zugelassen wird, was sich von vornherein gar nicht aussprechen und artikulieren kann, das kann auch nicht geprüft werden. So wollen wir versuchen, einen Augenblick still zu sein. Wir wollen versuchen, in dieser Stille die Bilder, die dieser unser Text uns gibt, noch einmal vor unserem inneren Auge aufscheinen zu lassen, und wir wollen vielleicht versuchen, auch den Text, den uns Niebergall gegeben hat, noch einmal vor uns erklingen zu lassen. Ich lese beides noch einmal vor:

„Siehe, es kommt die Zeit, spricht der Herr, da will ich mit dem Hause Israel und mit dem Hause Juda einen neuen Bund machen; nicht, wie der Bund gewesen ist, den ich mit ihren Vätern machte, da ich sie bei der Hand nahm, daß ich sie aus Ägyptenland führte, welchen Bund sie nicht gehalten haben, und ich sie zwingen mußte, spricht der Herr; sondern das soll der Bund sein, den ich mit dem Hause Israel machen will nach dieser Zeit, spricht der Herr: Ich will mein Gesetz in ihr Herz legen und in ihren Sinn schreiben; und sie sollen mein Volk sein, so will ich ihr Gott sein; und wird keiner den anderen noch ein Bruder den anderen lehren und sagen: ‚Erkenne den Herrn‘, sondern sie sollen mich alle kennen, beide, klein und groß, spricht der Herr. Denn ich will ihnen ihre Missetat vergeben und ihrer Sünde nimmermehr gedenken.“

„Wir können die Erfahrung machen, daß die Leute, die uns quälen und mit denen wir uns quälen, also die mit den Polizei-, Pfaffen- und Schulmeistergesichtern, die quälerischen Prüfer und Revisoren unseres Lebens, ihre knechtende Macht über uns verlieren und wir uns ihrer Kritik gegenüber zur Kritik ihrer Ratschläge, Befehle und Zensuren erheben.“

Vielleicht, daß das neue Lied der Freiheit des neuen Bundes doch ein wenig in unserem Herzen aufklingen kann. Amen

Laßt den Adler steigen!

Jesaja 40, 26–31

Das zentrale Symbol dieses Textes scheint mir auf ungewöhnliche Weise durch Erfahrungen abgedeckt zu sein. Der kraftvolle Adler, der sich auf geheimnisvolle Weise verjüngt und sich immer wieder in die unendliche Weite des Himmels emporschwingt, ist sicher immer wieder Gegenstand der menschlichen Sehnsucht gewesen. Von den herrlich drastischen mittelalterlichen Darstellungen, die ich mir als Kind so gerne angesehen habe, die den Jungbrunnen oder die Altweibermühle darstellen, spannt sich der Bogen bis in unsere Gegenwart hinein, wo ja mit dem Stichwort „Verjüngung" jedes auch noch so absurde Geschäft zu machen ist und wo sich die Sehnsucht nach Verjüngung, nach Jungsein, nach neuer Kraft in schier unerschöpflicher Weise und in schier unerschöpflichen Variationen durch die ganze Geschichte hindurch immer wieder spiegelt. Aber vielleicht nicht nur als Sehnsucht, sondern auch ein Stück weit als reale Erfahrung. Kennen doch, jedenfalls die Älteren von uns, denen das Altwerden schon ein Problem ist, die Erfahrung von Verjüngung, das Gefühl, plötzlich ein paar Jahre jünger zu sein, die Welt mit neuen Augen sehen zu können. Vielleicht empfindet man, nach einem Freisemester tatsächlich so, als ob man ein Stück jünger geworden ist. Man hat einmal einen Abstand bekommen, ich durfte mehrere Monate in einem anderen Land, in den USA, sein und leben und lehren und man hat ein wenig gelernt, die Zustände und die Dinge bei uns aus einer anderen Perspektive zu sehen. Ich meine zu einer anderen Perspektive, wenngleich in ganz anderen Dimensionen als unser kleines, persönliches Leben, will dieser Text aufrufen. Ich stelle mir immer vor, daß der bedrückendste Aspekt des babylonischen Exils für das Volk Israel darin bestanden haben muß, daß sie gleichsam unter der Dunstglocke einer fremden Religion leben mußten. Einer Religion, die dem Typ der Astral-Religion zuzurechnen ist. Ich fürchte, wir stellen uns das manchmal ein bißchen zu primitiv vor, daß da Gestirne, Sterne und Mond und Sonne als Götter verehrt werden. Ich meine, am gestirnten Himmel wurde den Menschen etwas klar, was wir wohl zu den Epochen-Punkten der menschlichen Geistesgeschichte rechnen müssen und das scheint mir das Charakteristikum einer solchen Astral-Religion, wie sie in

Babylon lebendig war, zu sein. Die ständige Beobachtung der Gestirne ließ allmählich die Erkenntnis aufkommen, daß da oben nicht schiere Willkür herrscht, sondern Gesetzmäßigkeit. War es ein Wunder, daß diese Einsicht zunächst mit fassungslosem Staunen erfüllen mußte, und daß man die erhabene Ordnung eines solchen Kosmos, zu dem die Welt dann wurde, als schlechterdings göttlich empfand? Ich meine, es mußte dies unabsehbare Konsequenzen für das Lebensgefühl der Menschen haben. Es mußte jene Naivität zerstören, mit der sich der Mensch mit seinen Sehnsüchten, Leidenschaften und Wünschen immer wieder als Mittelpunkt der Schöpfung empfand. So wie es unsere Kinder und Jugendlichen tun. Mir sagte gestern noch eine 18jährige: „Ist das eigentlich nicht ganz normal, daß jeder sich in meinem Alter als den Höhepunkt der Schöpfung empfindet?"

Es mußte dieser Aspekt aber auch die Geschichte zum Wiederholungszwang des ewig Gleichen erstarren lassen. Alles war ein ungeheurer Kreislauf. So wie die Sterne immer wieder an ihre alten Plätze rückten, so war das Leben ein Kreislauf von Abend und Morgen, von Frühling, Sommer, Herbst und Winter, von Geburt, Leben und Tod. Ethik konnte in einer solchen Lebensanschauung nur darin bestehen, diese ewigen Gesetze, die über das Individuelle und Völkische hinausgehen, zu erkennen und sich in sie einzufügen, die Leidenschaften in der eigenen Brust niederzuringen und sich in verständiger Resignation in das Unvermeidliche zu schicken. Die einzig angemessene Haltung des Menschen angesichts dieser erhabenen Ordnung war tiefe Demut, war Unterwerfung, man warf sich vor den Sternen und vor den Gestirnen auf die Erde und wagte nicht, vor ihnen erhobenen Hauptes zu stehen.

Und in diese schier undurchdringliche Dunstglocke des mit unheimlicher Präzision ineinandergreifenden Räderwerkes ewiger Ordnungen läßt Deuterojesaja den Adler einer Hoffnung aufsteigen, die das Unvorhergesehene, das Unberechenbare, das Ungewöhnliche erwartet: nicht Demut, nicht Resignation, nicht Unterwerfung, nicht Anpassung, sondern: Sehet auf und erhebet eure Häupter, darum, daß sich eure Erlösung naht. Hat unser Gott das nicht alles geschaffen? Er wird nicht müde und matt. Die auf den Herren harren, kriegen neue Kraft! Ist es ein aussichtsloses Unterfangen, so reden zu dürfen? Die Geschichte des menschlichen Geistes, liebe Gemeinde, hat ja zunächst einen ganz anderen Verlauf genommen, als der Ansatz dessen vermuten ließ, was hinter den Astralreligionen und der ewigen kosmischen Ordnung steht. Die Entdeckung der Gesetzmäßigkeit des Naturgeschehens hat ja zunächst die Macht der Menschheit auf unvorstellbare Weise erhöht. Wer das Geheimnis, die Zauberformel der Gesetzmäßigkeit beherrschen lernt, der konnte sich in der Tat zum Herren dieser Erde machen. Und in diese Euphorie: – wir haben ja das Geheimnis, wenigstens in den Naturwissenschaften, vielleicht auch bald in den geschichtlichen Abläufen und in den gesellschaftlichen Zusammenhängen entdeckt – in dieser Euphorie taumelten wir von Entdeckung zu Entdeckung, schien der Fortschritt unendlich, unermeßlich, die Expansion ins Uferlose möglich zu sein, schien der uralte Kindertraum des Menschen vom Mittelpunkt des Universums und vom größtmöglichen Glück für möglichst viele doch noch in Erfüllung zu gehen. Und nun stehen wir plötzlich und wohl doch ziemlich schockartig an den Grenzen des Wachstums und dessen, was wir so lange für Fortschritt gehalten haben! Manchmal habe ich das Empfinden, unser Lebensgefühl entfernt sich in einer rasenden Geschwindigkeit von den Resten jenes Fortschrittsoptimismus der naturwissenschaftlich bestimmten Epoche und nähert sich in erschreckendem Maße, gewissermaßen, der Astralreligion einer technisch-wissenschaftlichen Zivilisation. Der Traum von immer größerer Freiheit für immer mehr Menschen scheint ausgeträumt zu sein. Wir erfahren es im kleinen, im Bereich unserer Universität, wo der Freiheitsspielraum immer enger zu werden scheint. Wo der Glaube an tiefgreifende Verbesserungen immer matter wird und wir uns schließlich in verständiger Resignation ins Unvermeidliche schicken. Aber auch im großen wird davon gesprochen, daß die individuelle Freiheit drastisch eingeschränkt werden muß, wenn wir die Probleme der Zukunft und die Probleme der zu Ende gehenden Naturressourcen in irgendeiner Weise meistern wollen. Kaum jemand glaubt noch daran, daß so etwas wie eine Ethik den Menschen dazu motivieren könnte, Verzichtleistungen auf sich zu nehmen, ohne die wir alle miteinander zugrunde gehen werden, und so taucht am Horizont das Schreckgespenst einer Verwaltungsdiktatur auf, die dem Menschen die Mäßigung und den Verzicht aufzwingen *muß*. Das Weltwirtschaftsgeschehen scheint nach undurchschaubaren Gesetzen abzulaufen, die allenfalls von hochqualifizierten Fachleuten durchschaut werden und die können sich immer noch irren. – Eine ganze Armee von Komputern kann es einigermaßen in Schach halten, und nur von daher kann es überschaubar werden. So ist es uns verwehrt, als gewöhnliche Sterbliche an den Entscheidungsprozessen verantwortlich teilzunehmen. Und so fällt man denn gerne wieder auf Demagogen herein oder schickt sich in verständiger Resignation ins Unvermeidliche.

Liebe Gemeinde, wollen wir es trotzdem wagen, in die Dunstglocke von Lähmung und Resignation, und das ist mein überwiegender Eindruck, nach diesem Abstand eines halben Jahres, wollen wir es wagen, in die Dunstglocke von Lähmung und Resignation den Adler einer lebendigen Hoffnung aufsteigen zu lassen? Die auf den Herrn harren, kriegen neue Kraft. Das würde heißen, wer auf Gott wartet, findet den Abstand und die Distanz zu dem Alltäglichen, Lähmenden, Gesetzmäßigen. Warten auf Gott ist gleichsam der archimedische Punkt, von dem aus wir Hoffnungslosigkeit und Resignation überwinden können. Es klingt paradox, aber ich meine angesichts dieser Situation, nicht gesteigerte Aktivität und Hektik scheint das Gebot der Stunde zu sein, sondern Mut zur Passivität, Mut dazu, an sich und in sich etwas geschehen zu lassen, Erfahrungen zu machen, die wir miteinander austauschen können. Manchmal habe ich den Eindruck, die Lähmung, die von dem Makrokosmos des politischen Geschehens lange ausging und immer wieder zur Rebellion und zum Widerstand anreizte, diese Lähmung geht jetzt vom Mikrokosmos der individuellen Empfindungswelt aus. Mein Eindruck ist, daß immer mehr Menschen das Empfinden haben, sie dürfen sich gar nicht erlauben, in ihr eigenes Inneres hineinzuhorchen, sie dürfen sich gar nicht erlauben, einmal locker zu lassen, einmal zu entspannen, sich von dem Leistungsdruck, der auf uns allen lastet, von dem Termindruck, mit dem wir durch unser Leben gehetzt werden, zu befreien und still sein zu können, warten zu können, sich öffnen zu können. Der christliche Glaube lebt von der Gewißheit, daß Gott das Unerwartete tut.

Nicht, daß es draußen – selbst in Kiel – irgendwann mal wieder Frühling wird, ist der Grund unserer Hoffnung, sondern daß in Jesus Christus eine neue und überraschende Lebensmöglichkeit angebrochen ist, die Menschen ausbrechen läßt aus dem Wiederholungszwang des ewig Gleichen. Ich glaube nicht, daß Sie mich so verstehen werden, daß ich zum Quietismus und zum Nichtstun aufrufen werde. Aber es gibt ja doch große und kleine Beispiele dafür, daß aus dem Harren auf Gott heraus Menschen aus der ihnen scheinbar durch ewige Gesetze vorgezeichneten Rolle ausgebrochen sind: Wenn ein Luther aus der Mönchsrolle ausbrach, so tat er das aus dem Harren auf Gott, aus dem Warten auf Gott. Und ich glaube auch, wenn ein Albert Schweitzer aus der vorgezeichneten Karriere eines ungemein erfolgreichen jungen Wissenschaftlers ausbrach, dann aus diesem Warten auf Gott. Und wenn hier und da ein Professor aus der ihm vorgezeichneten Rolle ausbrechen kann und nichts anderes wird als ein Freund und Helfer seiner Studenten, dann muß es auch aus dieser Stille, dem Warten-Können, kommen; wenn ein Student aus seiner ihm vorgezeichneten Rolle ausbrechen kann und wirklich sagen kann, was ihn bewegt und aus der Konsumentenhaltung heraustreten kann, dann müßte es aus diesem Warten kommen.

Mit ihrem Gott konnten sich die Israeliten in den Götterhimmel fremder Gottheiten emporschwingen. Ob wir mit unserm Gott in die Verliese des Götzendienstes der Lähmung und der Resignation hinabsteigen können? Vielleicht könnte eine Zeit kommen, liebe Gemeinde, in der Gott in dieser Welt das einzige Symbol für etwas Unvorhersagbares, Unprognostizierbares, Unberechenbares wird. Und ich meine, es lohnt sich dafür zu kämpfen, daß dieses Element in unserer Welt nicht verloren geht. Daß wir den Mut gewinnen, unsere Ängste und Sehnsüchte miteinander auszutauschen, aber auch unsere Erfahrungen, die wir hier und da mit Gott machen. Laßt uns Stille halten der Heimsuchung unseres Gottes, dann werden auch wir neue Kraft bekommen für den Kampf, der uns verordnet ist.   Amen.

Geschichtenerzählen bringt Erfahrung

Apostelgeschichte 2, 1–18

Wenn nicht alles täuscht, dann nimmt unter uns die Sehnsucht nach so etwas wie authentischer Erfahrung sprunghaft zu. Wenn wir nur einmal die Worte zusammenstellen, die sich mit Erfahrung koppeln lassen und die heute ganz neu im Sprachgebrauch sind: Selbsterfahrung, Gruppenerfahrung, Solidaritätserfahrung, Freiheitserfahrung, Lernerfahrung, Drogenerfahrung, Identitätserfahrung, Lebenserfahrung, Glaubenserfahrung – ein bunter, breiter Strauß von Sehnsucht nach Erfahrung. Der Wunsch danach, daß unser Leben doch nicht nur unter einem theoretischen Aspekt gesehen werden möchte, als Information über etwas. Aber auch nicht nur unter einem praktischen als Praxis von, sondern in der Verschränkung, ja in der Einheit von Theorie und Praxis. Erfahrung drängt danach, gedeutet zu werden, ist eigentlich immer schon gedeutete Erfahrung. Aber wir haben Schwierigkeiten damit, Erfahrung zu vermitteln, die eigene Erfahrung an andere weiterzugeben oder uns selber zu neuen Erfahrungen zu verhelfen, und es gibt Skeptiker, die hier die Gefahr der Manipulation auftauchen sehen, andere wieder, die mutlos sind, wenn es um die Frage der Vermittlung von Erfahrung durch die Sprache geht und sie sprechen davon, daß man viel, viel mehr tun müßte, denn nur gemeinsames Tun vermittelt Erfahrung. Ich möchte dem energisch widersprechen und das erste, was ich hier ganz deutlich sagen möchte, wäre eine These: nur die Erfahrung, die sich in Sprache verwandeln läßt, ist die für den Menschen heilsame Erfahrung.

Zweifelsohne gibt es viele Erfahrungen, die niemals in den Bereich des Säglichen und der Sprache vordringen. Aber ich meine, es läßt sich nachweisen: Erfahrung, die stumm bleibt, neigt dazu, nur sich selbst immer wieder zu reproduzieren; sie wird wiederholt dargestellt und bleibt unveränderbar, unveränderlich, sie treibt den Menschen in eine Art Wiederholungszwang hinein. Und deshalb ist es so wichtig, daß wir uns über Erfahrungen austauschen, aber wir tun uns ein bißchen schwer damit. Meine beiden Töchter, die gerade über die Pfingsttage zu einem Segeltourn aufgebrochen sind, werden morgen zurückkommen und wir werden sie fragen: na, wie war es denn? Und sie werden voraussichtlich sagen: es war *ganz* toll und dabei bleibt es vorerst einmal und weiter wissen sie zunächst nichts zu sagen. Und man muß sie dann ein bißchen bedrängen und sagen: na, nun erzählt doch mal! Und dann kommen sie vielleicht dazu zu erzählen, und im Erzählen vermittelt sich vielleicht die Erfahrung, die sie gemacht haben, die Erlebnisse, die sie hatten. Wir vermitteln nämlich unsere Lebenserfahrung, in dem wir Geschichten erzählen.

Bei der Vorbereitung dieser Predigt drängte es sich mir immer wieder in den Sinn, eigene Erfahrungen zu berichten, die ich mit dem Pfingsttag gemacht habe, und die Versuchung war schrecklich groß, einfach heute hier Geschichten zu erzählen. Geschichten, was ich mit Pfingsten erlebt habe, wie ich als 12jähriger eine Pfingstpredigt hörte, in der der Pfarrer sagte: der Bau der Reichsautobahn sei das Werk des Heiligen Geistes, und wie es daraufhin eine erregte Diskussion in unserer Familie gab und mir klar wurde, nein, das ist es ganz bestimmt nicht. Oder eine Pfingstpredigt, die ich als 16jähriger hörte und die mich dazu brachte, mein geplantes Medizinstudium, was mir vorschwebte seit Kindheit, aufzugeben und Theologe zu werden, und ich weiß heute eigentlich gar nicht mehr, was der Prediger gesagt hat. Ich weiß nur noch, daß ich einen tiefen Eindruck empfangen habe. Oder Pfingsten 1945 in einem Gefangenenlager als Kriegsgefangener und vieles andere mehr. Wahrscheinlich geht's doch nicht. Sie werden zwar nicht so reagieren wie die Leute beim ersten Pfingstfest und sich fragen, ob der Universitätsprediger um 11 schon betrunken ist!

Aber Sie werden vielleicht sagen: das ist doch wohl ein bißchen zu persönlich und ein bißchen absonderlich, wenn der uns Storys aus seinem eigenen Leben erzählt. Und in der Tat sind ja solche persönlichen Lebenserfahrungen, die wir als Geschichten weitergeben, eigentlich nur für einen engeren Kreis bestimmt, sie haben nur Bedeutung im Kreis der Familie oder der Freunde, wo wir solche Geschichten erzählen. Wenn wir in einen größeren Kreis der Öffentlichkeit hineingehen, müßten es Geschichten sein, die nicht nur eine *eigene*, individuelle Lebenserfahrung spiegeln, sondern die so etwas wie eine kollektive Erfahrung spiegeln. Und so erzählen wir ja auch, wenn wir Lebenserfahrung vermitteln wollen, die für den Menschen bedeutsam und heilsam sein soll, dann erzählen wir Geschichten, die überindividuelle Erfahrungen vermitteln, und wir fragen eigentlich in zunehmendem Maße, ob sich durch das Erzählen von Geschichten Erfahrungen vermitteln lassen, die über die engen Grenzen von Familie, Gruppe, Volk, Kulturkreis hinausgehen. Denn die Erfahrungen, die in Geschichten tradiert wurden, die waren meistens auf eine bestimmte Gruppe, auf ein bestimmtes Volk, auf einen bestimmten Kulturkreis, wie etwa die Märchen, beschränkt. Wir fragen heute: gibt es eigentlich Geschichten, die Menschheitserfahrungen vermitteln, Geschichten, die keinen ausschließen, die alle einschließen, in denen sich alle in irgendeiner Weise wiederfinden können? Und vielleicht ist diese Fragestellung, ob es so etwas wie Menschheitserfahrungen geben könnte, bereits eine Frucht davon, daß diese Geschichte vom ersten Pfingstfest in aller Welt und durch die Jahrhunderte immer wieder erzählt worden ist.

Noch eins möchte ich in diesem Zusammenhang gern sagen: Wer selbst gern Geschichten hört und wer selbst gern erzählt, der merkt ja, daß der Erzähler eine Tendenz hat, so ein klein bißchen von der Wirklichkeit abzuheben. Unsere Mutter, die eine glänzende Geschichtenerzählerin war, erzählte sehr viel Geschichten und sie erzählte sie immer ein bißchen anders und schmückte sie immer ein bißchen anders aus, wir nannten das immer die dichterische Freiheit unserer Mutter, weil das immer nicht so ganz genau stimmte, aber wir konzidierten ihr es, denn es war belanglos beim Erzählen solcher Geschichten, mit denen sie ihre Lebenserfahrung weitergab, ob das sich denn akkurat ganz genau so ereignet hat. Denn das faktisch Geschehene ist dann nicht mehr so wichtig, wenn diese Geschichte eine Erfahrung vermitteln will. Wir sind alle so erzogen, daß uns das ein schlechtes Gewissen macht. Wenn wir etwas berichten, dann wollen wir es so korrekt und genau wie möglich berichten. Wenn sich aber unsere Geschichten unmerklich unter unserer Redaktion verändern, dann steht das im Dienste ganz bestimmter Tendenzen, und manchmal recht eigensüchtiger Bestrebungen. Vor allem, wenn wir die Rolle, die wir selber in solchen Geschichten spielen, bedenken, dann neigen wir doch immer sehr dazu, sie doch ein bißchen aufzuschönen. Deshalb sind ja wohl auch, jedenfalls für meine Generation, die Lügengeschichten von Karl May so eine begehrte Lektüre geworden, weil es immer das siegreiche „Ich" war, das hier alle Schwierigkeiten und Probleme meisterte. Aber da, wo das Geschichtenerzählen in den Dienst der Vermittlung von Menschheitserfahrung tritt, wird es m. M. nach belanglos, ob das Erzählte und das Faktische sich in Übereinstimmung befinden. Beim Märchen etwa ist es ja völlig belanglos und keiner von uns wird auf die Idee kommen, ein Märchen darauf zu befragen, ob es mit der faktischen Welt übereinstimmt. Aber wir haben trotzdem das Gefühl, ein Märchen kann *wahr* sein, es vermittelt Erfahrung, wahre Erfahrung, und es ermöglicht die unmittelbare symbolische Kommunikation mit jenen Erfahrungen, die hier im Hintergrund stehen.

Ich möchte jetzt vielleicht nicht der schwierigen Frage nachgehen, wie das Verhältnis von solchen Geschichten wie der Pfingstgeschichte zu den Märchen ist. Aber es wird hier eine Geschichte erzählt und sie wird weiter durch die Jahrhunderte erzählt, bei der auch ziemlich belanglos ist, ob es sich genauso zugetragen hat. Ein Kommentator schreibt einmal, das ist natürlich kein Dokumentarfilm über etwas, was sich da wirklich abgespielt hat. Und

ich finde, es ist auch ziemlich belanglos (die Exegeten mögen mir gnädig ver-
zeihen!), welche Quellen da ineinandergeflossen sind und was für verschiedene Strömungen da zusammenkomponiert worden sind. Ich finde es nur
wichtig, daß diese Geschichte erzählt wird, daß die tiefe Erfahrung einer
Menschengruppe in ihr aufgespeichert ist und daß diese Erfahrung weiter
vermittelt wird, und zwar so, daß mit diesen Erfahrungen *umgegangen* werden konnte, daß sie immer wieder neu gedeutet wurden und daß sie mit jedem
Jahr gleichsam ein neues Pfingstfest schufen, wie die Jahresringe eines Bau-
mes. Wie immer wieder neue Akzente zu diesem Pfingstfest hinzukamen;
uns ist am unmittelbarsten vielleicht der betulich biedermeierische, Goethes
Pfingsten das liebliche Fest oder so etwas oder ganz andere; – bis zu unserer
heutigen Stunde, Pfingsten 1974, das uns und unsere eigene Erfahrung hin-
einnimmt in die Wirkungsgeschichte dieses Textes.

Aber nun hat es eine gewisse Tragik, daß die Symbolsprache eines solchen
Textes für die meisten unter uns nicht mehr unmittelbar zugänglich ist. Wenn
man diese Geschichte einfach so erzählt, und sie müßte eigentlich immer nur
wieder erzählt werden, dann besteht aber die Gefahr, daß das Mißverstehen
überwiegt und daß das Mißverstehen so groß wird, daß die Kette der Kontinuität abreißt, der Faden der Überlieferung abbricht. Ich muß gestehen, es
widerstrebt mir einfach, eine Geschichte wie die Pfingstgeschichte zu erklären, so mit erstens, zweitens, drittens und Bilder, die wirken können, in Be-
griffe zu verwandeln, die vielleicht nicht mehr wirken können. Aber um ein
wenig an das Verständnis einer solchen Geschichte heranzuführen, könnte
man vielleicht etwas anderes tun, nämlich eine zweite Geschichte erzählen,
die den Verstehenshorizont dieser Pfingstgeschichte eröffnen könnte. Diese
zweite Geschichte ist allerdings eine ältere Geschichte. Sie müßte etwas davon sagen, daß in Israel das Pfingstfest, das Wochenfest, das Erntefest war
und das Volk feierte an diesem Tage das, was für das Volk schlechterdings le-
bensentscheidend war: das Geschenk des Landes, das seine Existenz sicherte,
und die Feier dieses Geschenkes führte zu so hinreißender Poesie, wie sie im
Alten Testament steht und wie sie etwa im 65. Psalm überliefert ist, aus dem
ich doch ein paar Verse lesen möchte:

„Du suchst das Land heim und wässerst es und machst es sehr reich, Gottes Brünnlein hat Wasser die Fülle, du läßt ihr Getreide wohl geraten, denn
also baust du das Land, du tränkst seine Furchen und feuchtest sein Ge-
pflügtes; mit Regen machst du es weich und segnest sein Gewächs; du
krönst das Jahr mit deinem Gut und deine Fußstapfen triefen von Fett. Die
Weiden in der Wüste sind auch fett, daß sie triefen und die Hügel sind um-
her lustig. Die Anger sind voll Schafe und die Auen stehen dick mit Korn,
daß man jauchzt und singt."

Hier wird etwas gefeiert, was als äußere Erfahrung mit jeder eingebrachten Ernte einfach ganz augenfällig ganz da war. Aber man wußte in Israel sehr deutlich, daß diese Erfahrung nicht ausreicht, um das Leben gleichsam zu bestehen, denn der Erntetag war zugleich die Feier der Gabe des Gesetzes. Und genauso wie die äußere Erfahrung bewußt gemacht wurde, wiederholt wurde, gefeiert wurde, wurde die innere Erfahrung gefeiert und besungen und vergegenwärtigt, die mit der Gabe des Gesetzes verbunden war. Auch vielleicht dafür ein paar Verse:

„Das Gesetz des Herrn ist vollkommen und erquickt die Seele, das Zeugnis des Herrn ist gewiß und macht die Unverständigen weise, die Befehle des Herrn sind richtig und erfreuen das Herz, die Gebote des Herrn sind lauter und erleuchten die Augen, die Furcht des Herrn ist rein und bleibt ewiglich, die Rechte des Herrn sind wahrhaftig allesamt gerecht. Sie sind köstlicher denn Gold und viel feines Gold, sie sind süßer denn Honig und Honigseim."

Die Erfahrung der Ernte und die Erfahrung der Gesetzgebung, sie wurden dadurch vermittelt, daß man Geschichten erzählte. Viele dieser Geschichten sind uns bekannt; ich möchte einmal im Wortlaut einer etwas unbekannteren, die uns überliefert ist von dem Philosophen Philo, einem Zeitgenossen Jesu, etwas davon andeuten, wie man Geschichten erzählte, wie das Gesetz zu den Menschen gekommen ist, wie die Gesetzgebung sich abgespielt hat. „Alles aber in der Umgebung des Ortes war, wie es sich von selbst verstand, voller Wunder. Das Getöse von Donnerschlägen, größer als ein Ohr auszuhalten vermag, das helle Aufflammen von Blitzen, der weithin reichende Schall einer unsichtbaren Trompete, eine niederschwebende Wolke, die einer Säule gleicht, mit dem Fuß auf dem Boden stand und in dem übrigen Umfang aber bis zur irdischen Höhe reichte, ein dahinflutendes, himmlisches Feuer, das alles ringsumher in dichten Rauch einhüllte; eine Stimme ertönte darauf mitten aus dem vom Himmel herabkommenden Feuer. Alle mit ehrfurchtsvollem Schrecken erfüllt, in dem die Flamme sich in Sprache wandelte, die den Hörenden vertraut war, wobei das Gesprochene so deutlich klang, daß man es eher zu sehen als zu hören glaubte."

Ich weiß nicht, liebe Gemeinde, ob damit deutlich geworden ist, daß hier der Hintergrund für das Verstehen der Pfingstgeschichte besteht. Der alte Brauch in Israel, die Ernte zu feiern und mit der Ernte das Kommen des Gesetzes, das nun auch in Feuer und Sprache irgendwie anschaulich direkt vom Himmel kam. Und deshalb meine ich, will uns diese Pfingstgeschichte den Hinweis geben: was für den Israeliten die Erfahrung des Landes und des Gesetzes bedeutet, das soll jetzt die Erfahrung von Gemeinde und Geist bedeuten. Und nun müßte man die Geschichte neu erzählen und – dazu müßte man wohl ein Dichter sein, der ich leider nicht bin – sie müßte davon handeln, wie wir mit der äußeren Wirklichkeit „Kirche" umgehen und wie diese äußere Erfahrung ergänzt und verwandelt wird durch die innere Erfahrung des Geistes, der deutet, der aufhellt, der Grenzen überwindet, der Hoffnung gibt, Phantasie stiftet, neue Erfahrungen ermöglicht.

Oder auch, wie wir die Ernte unseres Lebens, das, wofür wir zu danken haben, was wir sehen, hören und anfassen können in unserem Leben, in Verbindung bringen zu der inneren Erfahrung des Geistes, der tröstet, aufrichtet, festigt und in alle Wahrheit leitet. Jeder von uns müßte diese Geschichte wohl selbst für sich schreiben. Die Geschichte, die Theorie und Praxis, Gesetz und Ernte, Geist und Gemeinschaft unseres Lebens zusammenfassen kann. Und vielleicht ist es am heutigen Tage besonders sinnvoll, daß wir versuchen, nach dieser Predigt eine kurze Stille zu halten, in der wir miteinander den Versuch machen können, diese Geschichte für unser Leben ein wenig zustande zu bringen. Und vielleicht helfen uns dabei ein paar Verse von einer modernen Dichterin, Nelly Sachs, die sie 1961 unter dem Titel „Fahrt ins Staublose" veröffentlicht hat. Es sind Verse, die keine Erklärung zulassen, die aber voller Symbole stecken und vielleicht passiert es ja, daß diese Symbole irgend etwas an innerer Erfahrung in uns anklingen und zum Schwingen bringen. Ich möchte diese Verse lesen und dann wollen wir eine kurze Stille halten:

„Schon reden knisternd farbige Bänder, fremde Münder, neue Heiligensprache, schon rollen unter den Flügeln der Adler die Sterbelaken der Horizonte fort, denn auch des Todes Drama schmerzt seine Zeitläufte ab, weiß hinter dem Vorhang um neuen Beginn."

Wo bleibt das Positive, Herr Joel?

Joel 3, 1–5

Da waren Menschen, die hatten alles Menschenmögliche getan, um ihrem Leben die Sicherheit zu geben, die sie für erforderlich hielten. Sie hatten fleißig gearbeitet und das Land aufgebaut, sozusagen aus dem Nichts. Sie hatten Wüsten urbar gemacht, Bewässerungskanäle angelegt, Felder bestellt, sie hatten Weinberge gebaut, feste Häuser errichtet, die Städte mit Mauern umgeben, Waffen gekauft und die Rüstung vorangetrieben, damit man sich gegen Feinde schützen kann; sie hatten Soldaten ausgebildet und für den Ernstfall geschult. Sie hatten Kundschafter geschickt und Nachrichtendienste organisiert gegen Ägypten und Edom, und sie hatten einen reibungslos funktionierenden Kultbetrieb eingerichtet, so daß die Massen ihre religiösen Bedürfnisse befriedigen konnten. Und nun war die Katastrophe aus einer ganz anderen Richtung über sie hereingebrochen, als sie es vermutet hatten. Heuschreckenschwärme waren gekommen und Millionen von Heuschrecken hatten alles zerstört. Und dann steht man hilflos mit seinen Waffen in der Hand, und Streitwagen nützen nichts und alles wird ratzekahl abgefressen bis hinein in die Heiligtümer. Kein Opfer kann mehr gefeiert werden, weil die Heuschrecken selbst die Opfertiere auffraßen. Das ökologische Gleichgewicht kippte um und eine Plage kommt nach der anderen: auf die Heuschrecken Insekten und alles mögliche Geschmeiß. Dazu eine fürchterliche Dürre, wie sie seit Menschengedenken nicht mehr war.

Was ist die Aufgabe eines Seelsorgers in einer solchen Situation? Was würden Sie von mir erwarten, wenn wir gerade erlebt hätten, daß die Förde umgekippt ist, daß ein unvorhergesehener starker Wind gekommen wäre und die stinkende Brühe überall in die Keller und in die Häuser gekommen wäre? Was ist die Aufgabe eines Seelsorgers angesichts einer Naturkatastrophe? Doch wohl zu trösten, Beistand zu leisten, vielleicht eine Hilfsaktion für die unmittelbar Betroffenen organisieren und das in die Hand nehmen. Und was tut dieser seltsame Prophet Joel? Er verweist auf den Geist, auf Träume, Gesichter und Visionen, die allen zuteil werden sollen, jung und alt, Sklaven und Freien, Männern und Frauen; die Kulthierarchie des religiösen Lebens soll nivelliert und eingeebnet werden. Er verweist auf ein Meer von Blut, Tränen,

Feuer und Rauch, auf noch größere Naturkatastrophen, wie das Vergehen der vertrauten Gestirne. Er verweist nicht in erster Linie auf zukünftige glücklichere Tage der Menschen, er verweist auf den schrecklichen Tag des Herrn. Und er verweist auf den Berg Zion als den Ort der Errettung, auf dem die Verheißung Gottes liegt.

Es ist uns nicht überliefert, liebe Gemeinde, wie die Leute darauf reagiert haben, aber wir dürfen vielleicht ein bißchen phantasieren. Ich könnte mir vorstellen, daß sie gesagt haben: „Wir brauchen Wasser und keinen Geist, wir brauchen billige Kredite, endlich runter mit den hohen Zinsen, damit wir wieder aufbauen können, was hier alles zerstört worden ist. Wir brauchen keine Träume und Gesichte. Wo bleibt das Positive, Herr Joel, uns interessieren unsere Weinberge mehr als der Berg Zion!" Auch das Urteil der Geschichte ist sehr unsicher über den Propheten Joel. Da gibt es Ausleger, die nennen ihn einen Epigonen, die sagen: was der über den Heiligen Geist gesagt hat, das haben vor ihm schon andere viel kräftiger und viel geistesmächtiger ausgesagt. Es gibt welche, die sagen sogar: hier liegt die typische Herabsetzung hoher religiöser Ideale vor, das ist der Typus eines verbauerten Propheten, der ist also ein bißchen heruntergekommen. Mit seinem rationalistischen Materialismus, mit seinem Partikularismus, mit seiner ziellosen Aufgeregtheit können wir überhaupt nichts mehr anfangen. Oder man sagt: Dieses dritte Kapitel steht fremd in dem übrigen Gefüge, wahrscheinlich ist das eine spätere Einfügung, es ist unecht. Was haben Heuschrecken mit dem Heiligen Geist zu tun? In der Tat: was haben Heuschrecken mit dem Heiligen Geist zu tun? Was hat Verheißung mit Gerichtsandrohung, Pfingsten mit dem Jüngsten Gericht zu tun?

Ich glaube, es ist das Eigenartige, und die selbständige Schöpfung, die dieser Prophet vornimmt, daß die Heilsverheißung, die mit der Vorstellung vom Heiligen Geist verknüpft ist, an die Vorstellung vom Jüngsten Gericht gebunden wird. Ich würde ihn deshalb für einen großen Propheten halten, weil ich meine, daß mit dieser merkwürdigen Verknüpfung uns etwas gesagt werden kann über das Geheimnis von Pfingsten und die Schwierigkeiten, die wir vielleicht mit Pfingsten haben.

Ich habe lange darüber nachgedacht, was diese Kopplung von Verheißung und Gericht besagen könnte, ich habe mich lange herumgequält, eine Antwort zu finden auch auf die Fragen dieser unserer Universitätsgemeinde, die sich so unendlich schwer tut, so etwas wie eine Gemeinde zu werden, und dieses unseres Universitätsgottesdienstes. Ich meine, Pfingsten bleibt, wenn wir eine Antwort suchen, auf die Konflikte und die Probleme, die uns bewegen, merkwürdig stumm, wenn wir nach Konkretion suchen. Ein echter Berliner Steppke sagte einmal: „Na wissen Se, Herr Pfarrer, Pfingsten ist doch det langweiligste Fest, das es überhaupt gibt, da kommt keener und da jibts nisch. Weihnachten kommt det Christkind und der Weihnachtsmann und Ostern kommt wenigstens der Osterhase und da kriegt man immer was geschenkt; Pfingsten kommt keener und man kriegt nisch." Ob es uns nicht ein bißchen auch so geht; es kommt keiner und man kriegt nichts? Die Volksfrömmigkeit hat zu Pfingsten eine merkwürdige Leerstelle gelassen. Da wo die anderen Feste mit liebevollen Symbolen ausgestattet sind, da steht nur sehr karg das Rätselwort: Heiliger Geist. Und je mehr man über dieses Rätselwort nachdenkt, um so mehr löst es sich in Unbestimmtheit auf. Auf der einen Seite schieben wir es vielleicht so weit in das Jenseitige hinein, daß es uns in unserer irdischen Existenz überhaupt nicht mehr betrifft. Oder wir identifizieren es mit dem Menschengeist und geraten dann in Sackgassen und Widersprüche. Das Symbolangebot ist sparsam; Wasser, das ausgegossen wird und versickert. Windhauch, der weht, wo er will, und den wir nicht greifen können. Feuerflammen, die erst recht nicht greifbar sind.

Wir möchten gern antworten auf unsere Probleme und Konfikte und wir werden frustriert. Pfingsten und die Lehre vom Heiligen Geist ist vielleicht das stärkste Argument gegen die These von der Religion als der Projektion unserer infantilen kindlichen Wünsche in einen Götterhimmel hinein. Frustration, Leerstelle, Rätselwort, das kriege ich irgendwie nicht mit Projektionen infantiler Wünsche zusammen.

Und dann geschieht es doch immer wieder, liebe Gemeinde, daß aus dieser Leerstelle so etwas wie eine Antwort aufleuchtet, daß diese Antwort aber in aller Regel ganz, ganz anders aussieht als die Wünsche, Vorstellungen und Hoffnungen, die vorher da waren. Die Geschichten, die die christliche Kirche unter dem Stichwort Pfingsten und Ausgießung des Heiligen Geistes tradiert, sind ausnahmslos Geschichten, in denen das Unerwartete, das Unvorhergesehene angekündigt, ausgesagt und erzählt wird.

Vielleicht war es bei Joel auch so, daß da Menschen waren, die begriffen haben, daß Träume, Gesichte und Visionen tatsächlich eine Antwort sein können auf Naturkatastrophen und die Zerstörung der materiellen Existenz. Sie begriffen, daß die Nähe Gottes noch anders erfahren sein will als im Medium der uns umgebenden Natur, die so traulich und hold ist zu Zeiten, wenn Pfingsten ist. Ja, die Nähe Gottes will auch noch anders erfahren sein, als durch das Medium der uns umgebenden Menschen. Es gibt so etwas wie unvermittelte, unmittelbare Gotteserfahrung. Menschen, die auf ihrem Lebensweg nur negative Erfahrungen gemacht haben, die das Gefühl haben, leer zu sein und ausgehöhlt und die etwas bekommen wollen, die können es erfahren: Es gibt so etwas wie unmittelbare Erfahrung. Der Tag Jawes, der Tag Gottes kann die Antwort sein auf unsere Fragen nach den menschlichen

Tagen, die vor uns liegen und die gezählt sind. Dies kann herausreißen aus einer Perspektive, die viel zu eng ist. Dann kann der Berg Zion tatsächlich die Antwort sein auf verödete Weinberge und Felder, weil dieses Symbol aufmerksam macht auf Güter und Werte, die jenseits unserer augenblicklichen Vorstellungskraft liegen.

Könnte es sein, daß die Zusammenfassung von Pfingstverheißung und Gerichtsankündigung heißt, daß die Antwort, die uns zuteil wird, zugleich das Gericht über unsere Wünsche, Vorstellungen und Projektionen bedeutet? Daß wir deshalb frustriert werden, wenn wir Antwort suchen, wenn wir Hilfe suchen, damit unser Bewußtsein die Chance erhält, sich zu verändern?

Das hat sich so ja wohl immer wieder in der Geschichte abgespielt: Wo Menschen die Pfingstverheißung des Joel ernstgenommen haben, wurde ihr Bewußtsein verändert und es geschah das Unerwartete und Unvorhergesehene.

Die Jünger, die das Ende ihres Lebens mit Jesus erfuhren, und die in alle Himmelsrichtungen zerstoben aus Angst, erwarteten doch sicher so etwas wie eine äußerliche Machtdemonstration. Es gibt ja die alte Judas-Überlieferung, die immer wieder davon gesprochen hat, daß der Judas eigentlich ein sehr frommer Eiferer, ein Zelot gewesen sei, der Jesus provozieren wollte, der ihn dazu bringen wollte, nun endlich einmal zu zeigen, daß er der Herr ist und daß er eine äußere Machtdemonstration wagen kann, die endlich die Revolution gegen die Besatzungsmacht auslösen würde. Und was geschah? Es geschah das Wunder, daß die Jünger frei von Angst wurden und frei reden konnten.

Ein Johann Christoph Blumhardt im 19. Jahrhundert erwartete sicher das Herbeikommen des Herrn Jesus auf dem Berge Zion, und es gibt eine Überlieferung, die sagt, in Bad Boll wurde immer eine Kutsche bereitgehalten, daß man sofort aufbrechen könnte, um nach Palästina zu fahren, wenn der Herr Jesus auf dem Berge Zion erscheinen würde. Und was kam? Es geschah das Wunder, daß er Wege fand, frei mit Menschen zu reden und die reden zu lassen, so daß dies eine Wirkung hatte, bis ins Körperliche hinein.

So brauchen wir uns von dem, was hier als Erfahrung mit Pfingsten berichtet wird, nicht nur getrennt zu fühlen, sondern auch in unseren Zeiten passiert etwas Unvorhergesehenes, passieren Dinge, denen wir vielleicht ein wenig ratlos und hilflos gegenüberstehen.

Als ich kürzlich in den Vereinigten Staaten war, fiel mir als hervorstechendstes Zeichen des kirchlichen Lebens auf, daß die sogenannten konservativ gebundenen Kirchen, die römisch-katholische, die lutherische Kirche, die episkopale Kirche und die presbyterianische Kirche, etwas erlebten, wovon vor wenigen Jahren kein Soziologe und kein Psychologe zu träumen gewagt hätte, oder Befürchtungen zu äußern gewagt hätte, nämlich eine Pfingstbewegung. Nicht in den freien Kirchen, die immer schon das Pfingstereignis, als ihr eigentlichstes, als ihr Proprium angesehen hatten, brach neues Leben auf, sondern in den sehr stark verfaßten, sehr stark liturgisch gebundenen Kirchen wurde plötzlich die Wirklichkeit des Heiligen Geistes erfahren. In einer Weise, daß der Gottesdienst von starkem Enthusiasmus geprägt wurde, die Leute in Zungen reden und andere übersetzen. Man steht dann fassungslos, ein bißchen hilflos, aber auch ein bißchen neidisch davor und sagt sich: da passiert doch wenigstens was! Zwar kann man sich mit dem nicht identifizieren, zwar kann man über die Hürde nicht wegspringen, die einen da trennt von den Menschen, die das Gefühl haben: der Heilige Geist ist eine unmittelbare Erfahrung in ihnen und sie können das in ihrer Gemeinschaft jetzt realisieren. Aber doch ist dies eine Realität, die plötzlich da ist, und ich denke ein paar Jahre zurück, als ich die Sowjetunion besuchte und dort Gast der baptistischen Kirchengemeinde war, wo ein schlichter Saal vollgestopft war mit Menschen und man das Gefühl hatte, hier ist Leben, schon wie man als auswärtiger Besucher gegrüßt wurde! Sie haben dort einen merkwürdigen Ritus: Gäste werden vorgestellt und dann werden sie durch das Winken von Hunderten von weißen Taschentüchern gegrüßt und man fühlt sich plötzlich mit ihnen verbunden und es ist etwas Lebendiges da, obwohl alle soziologischen Prognosen der Staatsmacht versucht hatten, Religion als einen rasch zu beseitigenden Aberglauben zu erklären.

Vielleicht kann so Unvorhergesehenes und Unerwartetes auch bei uns geschehen. Auch in unserem Inneren, das vielleicht leer und bedrückt ist, das in den Wiederholungszwängen des Lebens eingespannt ist. Vielleicht auch in diese unsere Universitätskirche, wenn wir nur nicht immer fasziniert auf das hinstarren, was wir als das Wünschenswerte ansehen würden?

Was uns von Joel nun trennt, liebe Gemeinde, ist doch sicher dies, daß die Garantie für Heil für uns nicht mehr der Berg Zion sein kann, wie noch bei Blumhardt, sondern der Berg Golgatha, auf dem das Kreuz steht. Das heißt, daß unsere Träume und Gesichte durch das Feuer der Kritik hindurchmüssen, daß wir unsere Wünsche nicht ohne weiteres als Offenbarungen ansehen können, sondern daß wir sie prüfen müssen am Geiste Jesu. Und das heißt weiter, daß wir uns den Tag des Herrn, da Gott alles in allem sein wird und wir schauen werden von Angesicht zu Angesicht, nicht mehr als ein partikuläres und lokales Ereignis vorstellen können, sondern nur als Universales, das uns weit machen will, das uns für alles Trennende empfindlich macht, so daß wir Mauern und Grenzen einreißen können, die noch vor kurzem bestanden haben; daß überall da, wo uns die Erfüllung von starken Wünschen versagt bleibt, dies zugleich als ein Anlaß zur Bewußtseinsveränderung, zum Umdenken und zum Umfühlen angesehen werden kann. Und dann wird (und ich brauche das ja jetzt nicht auszumalen und auszuphantasieren, was wir alle erlebt haben), dann wird die Lösung oftmals aus einer ganz anderen Ecke kommen, als wir es erwartet haben. Und so wollen wir uns doch noch einmal mit dem Joel solidarisieren mit seinem schönen Wort: Zerreißet eure Herzen und nicht eure Kleider. Nicht eine äußere Veränderung an den Gottesdienstformen oder am Ritual wird es herbeibringen, sondern die Änderung der Herzen, die wir uns auch zu diesem Pfingstfest wünschen und herbeisehnen. Amen.

Zu gut gelungene Identität?

1. Korinther 15, 19–28

Text: „Wenn wir nur für dieses Leben etwas von Christus erhofften, dann wären wir schlimmer dran als alle anderen Menschen! Nun steht aber fest, daß Christus vom Tod auferweckt wurde. Damit hat er einen Anfang gemacht für alle Entschlafenen. Genau, wie durch einen Menschen der Tod kam, so kam durch einen Menschen die Auferstehung vom Tod. Denn wie sie als Adamskinder alle sterben, so werden sie durch Christus alle lebendig gemacht werden. Sie fügen sich wie zu einem Zug zusammen, zunächst Christus, dann, die zu ihm gehören bei seiner Wiederkunft, dann der Rest, wenn Christus die Herrschaft Gott dem Vater übergeben wird. Dann werden alle anderen Herrschafts-, Macht- und Gewaltverhältnisse beendet sein. Er muß aber herrschen bis er – wie es heißt – alle Feinde überwunden hat. Der letzte Feind, der besiegt werden wird, ist aber der Tod. Wenn es heißt: Er hat alles überwunden, dann ist das so zu verstehen, daß Gott ausgenommen ist, denn der Sohn unterstellt sich ihm dann wieder, so daß letztlich Gott alles in allem sein wird."

„Laßt uns essen und trinken, denn morgen sind wir tot." „Der Mensch ist das Maß aller Dinge." „Ich denke, darum bin ich." „Ich bin nichts, mein Volk ist alles." „Letztlich wird Gott alles in allem sein." Eine kleine, sehr beschränkte Auswahl menschlicher Selbstdefinitionen. Versuche, so etwas wie die eigene menschliche Identität zu bestimmen. Sehr verschiedene Versuche, gelungene oder mißlungene – sie haben jedenfalls großartige und schreckliche Folgen gehabt, diese Versuche des Menschen, sich selbst zu definieren, seine eigene Identität zu finden. Merkwürdigerweise können wir offenbar die Frage: wer bin ich eigentlich?, die Frage nach der eigenen Identität nicht beantworten und überhaupt nicht stellen, ohne daß nicht irgendwie die Frage nach den eigenen Ursprüngen problematisch wird, eine gewisse Rolle spielt und Versuche gemacht werden, sie zu beantworten, vielleicht manchmal durch Phantasien. Vielleicht können wir das sogar an einem Stück persönlicher Erinnerung festmachen. Es gibt nämlich eine bestimmte Phase im menschlichen Leben, die wir alle – soweit wir hier schon erwachsen sind – durchgemacht haben, die Pubertät nämlich, in der sich die Frage: Wer bin ich, was ist eigentlich meine Identität?, mit ganz besonders großer Dringlichkeit stellt. Und in dieser Zeit, wenn wir zu unserer eigenen Identität hinzufinden suchen, stellt sich sehr vernehmlich und fast immer – in vielen Biographien ist das noch erinnerbar – die Frage ein: wo komme ich eigentlich her, bin ich eigentlich tatsächlich das Kind meiner Eltern oder könnte es nicht sein, daß ich das Kind ganz anderer Eltern bin, vielleicht von einem Grafen oder von einem hohen Politiker oder was, und ich bin dann nur so als Findelkind vielleicht oder so von meinen Eltern aufgenommen worden. Es ist dies eine ungemein verbreitete Phantasie in der Pubertät.

Ich erinnere mich noch ganz genau, als meine große Schwester, als sie in die Pubertät kam, zu mir kam und sagte: Du, ich muß Dir ein großes Geheimnis anvertrauen. Wir hatten damals eine Tante, eine hochverehrte Tante – die Tante Lotte – die war nämlich eine für damalige Zeiten sehr ungewöhnliche Frau, eine emanzipierte Frau, eine Gewerkschaftsfunktionärin und reiste auf internationale Kongresse, war unverheiratet und hatte für unsere Vorstellungen wahnsinnig viel Möglichkeiten; schenkte uns auch sehr viel und war nett zu uns. Und dann sagte meine Schwester: Weißt Du was, ich bin nämlich in Wirklichkeit das Kind von Tante Lotte und gar nicht das Kind meiner Eltern. Mich hat's wahnsinnig aufgeregt, denn nun war sie ja soviel mehr als ich, hatte eine so viel schönere, so viel bessere, so viel abenteuerlichere Identität gefunden. Sigmund Freud bezeichnet dieses Phänomen mit dem hübschen Ausdruck „der Familienroman“, wenn jemand versucht, seine eigene Lebensgeschichte zu konstruieren, zu rekonstruieren, zu fragen: wo komme ich eigentlich her, wer bin ich eigentlich? Dann tauchen solche Phantasien auf. Eine ganze Literaturgattung, der Trivialroman lebt davon, denn Hauptmotiv all dieser Romane von Courths-Mahler und wie sie alle heißen, ist ja immer, daß irgendwo in sehr bescheidenen Verhältnissen das Kind eines Grafen aufwächst und dann schließlich entdeckt wird. Und Tausende und Millionen von Menschen, wie ich mir habe sagen lassen, jetzt wieder zunehmend, lesen das und erbauen sich daran, weil offenbar hier etwas angesprochen wird, was als Bedürfnis, als Wunsch sehr tief in uns lebt.

Aber es gibt ja nicht nur den privatisierten Familienroman, sondern es gibt, wenn ich es mal so sagen darf, auch so etwas wie einen öffentlichen Familienroman. Jedenfalls den Versuch einer ganzen Öffentlichkeit, einer ganzen großen Gruppe, einem ganzen Volk oder womöglich gar der ganzen Menschheit eine gemeinsame Identität zuzusprechen mit der Frage nach den eigenen Ursprüngen. Bei den großen Heroengestalten des Mythos und der Sage spielt dieser Einzelzug auch immer wieder eine große Rolle, angefangen von der Mosegestalt, wo ja auch so ein Familienroman mit Pharaos Tochter eine große Rolle zu spielen scheint, über alle anderen Figuren, die einmal Heroengestalten des Mythos, der Sage und des Glaubens geworden sind. Ja, es gibt eine Verallgemeinerung bis hin zu Adam und Eva, und ich frage mich immer wieder mal, wie es eigentlich kommt, daß Adam und Eva so unvergängliche Witzgestalten sind? Es gibt eigentlich keine Zeit, die darauf verzichtet, in ihren Witzen Bezug zu nehmen auf Adam und Eva. Es gibt herrliche Karikaturen über Adam und Eva, wo den Menschen tatsächlich so etwas wie ein Spiegel vorgehalten wird; wo offenbar doch die Frage gestellt wird: hängt unsere menschliche, humane, weltweite Identität nicht damit zusammen, daß wir uns aus einem gemeinsamen Ursprung her verstehen? Wenn das auch nur noch in der Form des Witzes und der Karikatur eine Rolle spielt, so ist es doch lebendig. Wenn jemand von Adam und Eva redet, dann weiß jeder Mensch sofort Bescheid – auch in einer säkularisierten Welt, und es läßt sich ein gefühlsmäßiger, ein affektiver Bezug dazu herstellen.

So fehlt eben auch dieser Zug nicht in dem Bemühen, so etwas wie – ich bleibe mal bei diesem Ausdruck – einen öffentlichen Familienroman herzustellen mit der Frage: wo kommen wir eigentlich her? Wir Adamskinder, sind wir nichts anderes als Adamskinder? Das Volk Israel sagte: wir sind nicht nur Adamskinder, wir sind Abrahams Kinder. Und damit ist unsere Identität gegeben, die Identität geprägt durch einen Vater des Glaubens. Und die Korinther, die Gemeinde in Korinth, mit der Paulus hier in einem Zwiegespräch steht, sagt: wir sind nicht Adams-Kinder, wir sind Jesus-Kinder. Fröhliche Jesuskinder, für die so Entscheidendes geschehen ist, die so entscheidende Erfahrungen mit dem auferstandenen Jesus gemacht haben, daß diese Erfahrung alles Vorstellbare sprengt, alle Formen und Normen sprengt, daß diese Erfahrung einfach alles mitreißt, so daß sie zu Zungenrednern, zu enthusiastischen Geistbegabten werden.

Wir versuchen, wenn wir ein Kind taufen, liebe Gemeinde, sozusagen den Familienroman dieses Kindes, die Phantasien über seine eigene Identität ein wenig zu strukturieren. Wir hoffen nämlich, daß dieses Kind, ähnlich wie Martin Luther, dann, wenn es in Schwierigkeiten, in Not, in Anfechtung, vielleicht in Depressionen gerät, sich sagen darf: ich bin getauft. Für mich ist etwas Entscheidendes geschehen, das meine Identität ausmacht. Das gilt aber nun sowohl für das Kind wie auch für die Eltern. Wir wissen, daß mit dieser Grundlegung der Identität aber nun nicht alles getan ist. Wir wissen, daß auf die Taufe allerhand zu erfolgen hat in einer christlichen Gemeinde und in einer christlichen Erziehung. Und wir wissen auch, daß auf das Ostern, das die korinthische Gemeinde mit ihrem auferstandenen Herrn erlebt hat, noch einiges zu folgen hat und noch einiges zu hoffen ist. Darum geht es eigentlich in diesem Text.

Diesen Text möchte ich einmal so verstehen, wie das Protokoll eines seelsorgerlichen Gesprächs, von dem wir aber nur die Äußerungen des einen Gesprächspartners aufgezeichnet haben, nämlich des Seelsorgers. Die Äußerungen dessen, der in dieser Seelsorge steht, die sind nicht mit aufgezeichnet, etwa wie bei einem Telefongespräch. Wir können aber ungefähr rekonstruieren, was das Problem und was das Anliegen der Leute in Korinth waren, die Paulus seelsorgerlich zu betreuen versucht. Es ist merkwürdigerweise überhaupt nicht das Problem, ob Jesus wohl auferstanden sei. Ob das denn nun ein Faktum sei, ein wirkliches Geschehen oder ob das nur sinnbildlich gemeint sei oder wie unsere etwas sehr hilflosen Fragen heute angesichts von Ostern heißen. Das ist überhaupt keine strittige Frage zwischen Paulus und seiner Gemeinde in Korinth. Das ist sozusagen der Anknüpfungspunkt, daß das nicht strittig ist. Das steht fest: es ist für Paulus wie für seine Gemeinde ein grundlegendes Faktum, eine Grundgegebenheit. Und deshalb antwortet dieser Text auch auf die mancherlei Fragen, die wir zu Ostern und zur Frage der Auferstehung Jesu Christi haben, überhaupt nicht. Sein Anliegen liegt woanders, nämlich, wie diese unbezweifelte Auferstehung Jesu Christi denn nun wohl zu verstehen sei? Die Korinther verstanden sie so: alles ist für uns bereits geschehen. Wir haben sozusagen unsere Auferstehung mit Jesus Christus bereits hinter uns. Wir sind neue Menschen. Wir haben die Erfahrung gemacht: ich bin ein neuer Mensch! Sie haben die Erfahrung gemacht: In uns ist eine unerschütterliche Gewißheit eingezogen. Wir fühlen uns unter der persönlichen Leitung des Heiligen Geistes, wir machen täglich geistliche Erfahrungen, wir reden in Zungen, wir geraten in Entzückungs- und Verzückungszustände. Dieser auferstandene Jesus ist uns alles! Und damit ist die Geschichte eigentlich für uns zu Ende, wir leben in diesem Reich der Erfahrung, in der es kein gestern, kein heute und kein morgen gibt, in dem wir volle Befriedigung, volle Genüge bekommen.

Und in diese Situation hinein, wo Menschen sagen: für uns ist alles Entscheidende bereits geschehen, stellt Paulus die Frage: aber wie sieht das denn mit der Zukunft aus? Wir können nicht mehr genau angeben, wie diese Frage in der damaligen Zeit diskutiert worden ist. Ganz sicher ist, daß die ersten Generationen nachchristlicher Gemeinde in der Gewißheit der baldigen Wiederkunft des Herrn gelebt haben, und zwar der unmittelbar bevorstehenden Wiederkunft. Aber die Erscheinung Jesu Christi verzögerte sich; die Geschichte ging weiter und diese Erfahrung mußte irgendwie verarbeitet werden. Es mag sein, daß dieser Text in irgendeiner Beziehung dazu auch steht, nur, das wollen wir den komplizierten Überlegungen der Exegeten überlassen. Mir ist hier nur wichtig, daß Paulus ganz deutlich macht: ihr, die ihr eine Erfahrung mit Jesus gemacht habt, vergeßt nicht, daß diese Erfahrung eine Geschichte haben will, daß diese Erfahrung eine Zukunft haben will, daß diese Erfahrung in eurem Leben so etwas wie Hoffnung stiften soll, und vergeßt dieses Element der Hoffnung nicht, tut nicht so, als sei alles, aber auch alles bereits in der Vergangenheit geschehen, als gäbe es Entfremdung, Sünde, Tod – nun überhaupt nicht mehr, sondern erinnert euch daran, daß das Mächte sind, die in der Zukunft besiegt und überwunden werden sollen, und die wir als Christen nur in der Hoffnung bearbeiten und überwinden können. Mir scheint, in unserer Gegenwart, liebe Gemeinde, gibt es eine zunehmende Anzahl von Menschen, die zwar in einer fundamentalen Sicherheit ihrer Existenz leben, die sie davor bewahrt, in den Wahnsinn oder in die völlige Verzweiflung abzugleiten, die aber diese fundamentale Sicherheit, die sie in sich selber haben, damit bezahlen, daß sie sich oft in quälender Weise von anderen getrennt fühlen; daß sie mit anderen keinen Kontakt bekommen; daß sie zwar große Leistungen vollbringen können, daß sie ihr Leben aber in einer merkwürdigen Geschichtslosigkeit erleben, wo es kaum ein sinnvolles Gestern und noch viel weniger ein sinnvolles Morgen gibt. Wo sie zwar Verschmelzung mit anderen gelegentlich in einer überwältigenden Weise erleben können, aber nicht kontinuierliche Beziehung, Beziehung, an der man auch leiden kann.

Manchmal stelle ich mir die Frage, ob man dieses Phänomen, das wir in zunehmendem Maße beobachten, nicht beinahe so etwas nennen könnte wie eine zu gut gelungene Identität. Wir sprechen ja immer davon, daß die Identität nicht so recht geglückt ist, daß wir in einer Identitätskrise leben, daß wir Identitätsschwierigkeiten, Identitätskonflikte, Identitätsprobleme haben. Könnte es sein, daß das, was man menschliche Identität nennt, so bombenfest werden kann, so gesichert in einem Menschen lebt, daß es ihn in seinen anderen Lebensäußerungen behindern könnte? Das zeigt sich vor allen Dingen, wenn es zu einer Leugnung des Todes kommt.

Unser Text hier bezeichnet den Tod als in einer Reihe stehend mit den Mächten, Gewaltherrschaften und Diktaturen und es ist in der Tat so, daß alle Gewaltherrschaft immer mit der Todesangst als einem sicheren Mittel und Medium rechnen kann. Was Paulus deutlich machen will, ist, daß gerade gegenüber einer bombenfesten Identität, die ganz tief in sich selber ruhen läßt, trotzdem die Dimension der Zukunft bleibt, die Dimension der Zukunft, die für uns Menschen unentrinnbar mit dem Wort „Tod" umrissen ist. Und die Gewißheit, die in der christlichen Gemeinde gewachsen ist, daß diese Realität, diese Herrschaft, auch eines Tages entmächtigt sein wird. Daß dies noch nicht heute da ist, daß wir deshalb nicht mit dem Tod so umgehen können, als ob wir ihn einfach leugnen könnten, als ob wir ihn einfach mißachten könnten, sondern wer sterben gelernt hat in seinem Leben, der hat schon das Größte gelernt.

Das heißt, daß diese Hoffnung unaufgebbar ist, daß auch diese Todesmächte einmal endgültig überwunden sein werden; daß es sozusagen ein Ostern eins und ein Ostern zwei gibt, ein Ostern eins, indem etwas sehr Wesentliches für uns geschehen ist, aber ein Ostern zwei, das in dem Bild und im

Symbol des endgültigen Sieges dargestellt wird. Und unter diesem Symbol hat sich die christliche Gemeinde auf ihrem Weg durch die Geschichte begeben; hat sie das Wohin ihres Weges oder den Grund ihrer Hoffnung durch die Geschichte hin zu bestimmen versucht. Es ist teilweise eine schreckliche Geschichte, eine Geschichte der Irrtümer, eine Geschichte der Grausamkeiten und der schrecklichen Ereignisse. Aber es ist auch immer wieder eine Geschichte, in der, wenn man meinte, alles sei am Ende, alles sei zerstört, alles sei kaputt – Hoffnung ausbrach. Und zwar eine Hoffnung, die eben über die Begrenztheit und die Beschränktheit dieses gegenwärtigen Lebens und dieser gegenwärtigen Erfahrungen, die wir heute und hier und in der Geschichte machen können, hinausreicht. Der Text, den Paulus uns gibt, setzt mit einer Frage ein, die wir heute eigentlich dauernd umkehren möchten. Er stellt nämlich die Frage: wären wir nicht schlimmer dran als alle anderen, wenn wir nur für dieses Leben etwas zu erwarten hätten? Und wir neigen heute dazu, diese Frage umzukehren und zu sagen: wären wir nicht schlimmer dran als alle anderen Menschen, wenn wir nur für's Jenseits etwas zu erwarten hätten und wenn dieser Osterglaube nicht in diesem unserem konkreten Leben eine Bedeutung haben könnte? Ich hielte es für sehr verhängnisvoll, wenn man diese beiden Fragen gegeneinander ausspielt. Und wenn man sagt: wenn das eine gilt, dann gilt das andere nicht. Ich möchte meinen, daß sie beide in Geltung bleiben müssen. Christliche Hoffnung ist eine Hoffnung für das Jetzt und Hier, daß sich in unserem Leben, dem individuellen Leben wie dem großen politischen Leben etwas ändern kann. Aber christliche Hoffnung geht in diesem Hoffen für das Hier und Jetzt nicht auf, sondern sie ist eine Hoffnung, die größer ist als die Vorstellungen, Phantasien und Konzepte, die wir uns von diesem Leben machen können. Es ist eine Hoffnung gegen den Tod. Daß wir ihn akzeptieren, aber überwinden als den großen Feind.

Die Gefährdung, die große Gefährdung der Osterhoffnung liegt immer wieder darin, daß wir der Maßlosigkeit unserer Wünsche erliegen, und daß wir die Gegenstände unserer Wünsche, unserer vielleicht sehr berechtigten Wünsche absolut setzen. Mir scheint sich das ganz besonders stark in diesem letzten Wort des Textes auszudrücken, wo gesagt wird: letztlich soll Gott alles in allem sein. Ich glaube, das können wir von keiner anderen Sache sagen, ohne daß uns nicht eine Gänsehaut den Rücken herunterrieseln wird. Wenn wir sagen würden, wir hoffen darauf, daß der Wohlstand alles in allem wird, wir hoffen darauf, daß Wissen alles in allem wird, wir hoffen darauf, daß unsere eigene Identität alles in allem wird – können wir das wirklich sagen? Wir können nicht einmal sagen, und Paulus weist das hier ausdrücklich ab, wir hoffen darauf, daß Jesus alles in allem wird. Sondern ein solches Wort, ein solches Bild, ein fast mystisches Bild, kann man eigentlich nur von Gott selber sagen. Und sobald wir anfangen, das von anderen Dingen zu sagen, ist die Gefahr des Götzendienstes da, und Götzendienst hat immer schreckliche und fürchterliche Konsequenzen, das zeigt die Erfahrung in der Geschichte.

Liebe Gemeinde, unser Problem heute nun, auch an dieser Universität, scheint mir das der Resignation und der Lähmung zu sein. Daß wir als unaufhaltsames Schicksal hinnehmen, was in Zukunft auf uns zukommt. Daß wir Hoffnungen haben, die nur in der Vergangenheit gegründet sind oder die nur auf gegenwärtige Erfahrungen bezogen sind, und daß wir deshalb letztlich nur zu so etwas wie einer verständigen Resignation kommen können, die sich in das Unvermeidliche schickt, und hinnimmt, was eigentlich gar nicht hingenommen werden sollte. Allenfalls bis zur Diskussion eines menschenwürdigen Todes vermögen wir vorzudringen. Osterhoffnung reicht über den Tod hinaus. Auf eine Realität hin, die schwer vorstellbar ist, aber die mit dem Symbol bezeichnet ist, daß einmal Gott alles in allem sein wird, daß wir nicht nur im Glauben, sondern im Schauen stehen werden, daß wir sehen können von Angesicht zu Angesicht. Aus dieser Hoffnung kann dann so etwas wie Trost und Zuversicht erwachsen, wie sie zusammengefaßt ist in einem Spruch des Alten Testamentes, den wir dem Kind, das nachher getauft wird, als Taufspruch mitgeben wollen: Es ist ein Spruch, der in der Situation entstanden ist, wo auch irgend etwas ganz zu Ende zu sein schien, nämlich nach dem Tod des Moses, der sein Volk bis an die Schwelle des Gelobten Landes geführt hatte, aber nicht in dies Land selber hinein. Und dem Josua, der diesen Auftrag dann ausführen sollte, wird gesagt – und das wollen wir uns in dieser österlichen Stunde uns und dem Täufling sagen: „Siehe, ich habe dir geboten, daß du getrost und freudig seist. Laß dir nicht grauen, und entsetze dich nicht, denn der Herr dein Gott ist mit dir in allem, was du tun wirst." Amen.

Fleisch – Gesetz – Geist

Römer 8, 1–11

Wenn man diese Worte hört, die bis an den Rand geladen zu sein scheinen mit Theologie oder womöglich mit Mythologie, dann sind und bleiben sie doch recht fern und recht fremd! Es sei denn, einige von uns hätten vielleicht die unvergängliche Vertonung dieser Worte durch Johann Sebastian Bach in seiner Motette „Jesu meine Freude" im Ohr. Man kommt nicht leicht auf die Idee, daß Paulus eine Geschichte erzählen will, seine Geschichte. Daß er eine fundamentale Erfahrung weitergeben will, die Erfahrung, daß Jesus Christus und die Begegnung mit ihm – obschon er ihm persönlich nie begegnet ist, darin ist er uns gleich – seinem Leben einen neuen Sinn, eine neue Ausrichtung, eine neue Kraft gegeben hat. Er tut dies auf dem Hintergrund von anderen Erfahrungen, die sich ihm als wenig tragfest, als trügerisch, als belastend, ja als quälend erwiesen haben. Ob seine Erfahrung unsere Erfahrung werden kann? Ob sie sich in irgendeiner Weise mit unserer ganz persönlichen Geschichte vermitteln läßt? Ich möchte das versuchen mit den drei Stichworten dieses Textes anzudeuten: das Stichwort „Fleisch", das Stichwort „Gesetz" und das Stichwort „Geist".

I.

Wir alle sind einmal in bestimmten Zeiten unseres Lebens nach dem Fleische gewandelt, indem wir uns mit dem Problem der Befriedigung elementarer und vitaler Bedürfnisse auseinandergesetzt haben. Erinnern wir uns doch einmal: Die Seligkeit konnte in einer Leibspeise liegen und die Hölle in Dingen, die zu essen wir gezwungen wurden. Wir konnten alle unsere Wünsche und Leidenschaften auf einen Punkt konzentrieren: ein Spielzeug vielleicht, das zu besitzen alle Gedanken und Sehnsüchte absorbierte, und dessen Verlust wie ein Weltuntergang erlebt werden konnte. Wir konnten uns mit unserem ganzen Sein einer Sache widmen und alles um uns her vergessen, was uns dann oftmals schwere Konflikte eintrug. Wir bauten unsere ganze Lebensplanung auf eine einzige angenehme oder imponierende Erfahrung und wollten nacheinander Lokomotivführer, Koch, Polizist, Schornsteinfeger, Filmstar oder Millionär werden. Wenn wir religiös erzogen wurden, konnten wir beten: lieber Gott, mach, daß es morgen keinen Reisbrei gibt und daß der Turnlehrer sich das Bein bricht. Wir konnten Gott schwere Vorwürfe machen, daß er unsere Katze hatte sterben lassen und dafür, daß der Kanarienvogel krank war. Wir haben gewiß in unserer Kindheit alle so etwas wie Feindschaft gegen Gott erlebt. Wir glaubten fest daran, daß wir den Bodensee machen könnten, wenn wir es nur wollten, daß wir, wenn wir auf dem Schulweg nicht auf einen schwarzen Strich auf dem Pflaster treten würden oder jeden zehnten Zaunspfahl berühren würden, eine bessere Klassenarbeit schreiben würden. Und daß die Erwachsenen, wenn wir groß werden würden, wieder klein werden würden.

„Als ich ein Kind war, redete ich wie ein Kind, war klug wie ein Kind, hatte kindische Anschläge", so erinnert sich Paulus. Das merkwürdige ist nur, daß die Impulse unserer Kindheit so leicht zurückzuholen sind. Wenn wir in eine plötzliche Gefahr geraten, schicken wir ein Stoßgebet zum Himmel, vor dessen Einfalt wir hinterher erschrecken. Wenn uns ein Wunsch unerfüllt bleibt, spüren wir den Impuls in uns, uns auf die Erde zu werfen und mit Armen und Beinen um uns zu schlagen, und manche tun das auch! Wenn ein Schicksalsschlag uns trifft, machen wir Gott Vorwürfe und empfinden uns als seine Feinde. Es sind nicht nur die sogenannten Primitiven, die sich einen Fetisch aus Holz schnitzen und ihn dann dafür prügeln, wenn der ersehnte Regen, den er bringen sollte, ausbleibt. Man kann doch immer wieder nur staunen über die Riesenerwartungen, mit denen Politiker, die auch ganz gewöhnliche und oftmals durchschnittliche und unterdurchschnittliche Menschen sind, bedacht werden. Riesenerwartungen, die dann, wenn sie enttäuscht werden (und sie werden in der Regel enttäuscht), mit Haßausbrüchen abreagiert werden, wenn die erwarteten Bedürfnisse nicht befriedigt werden konnten. Ganze Zivilisationen werden auf die Vorstellung gegründet, man könne seinen Lebenssinn und seine Identität in der Befriedigung von Bedürfnissen finden, die vorher mit allen massenpsychologischen Raffinements überhaupt erst geweckt werden. „Ihr aber seid nicht fleischlich!" Nein? Ein bißchen? Manchmal? Nein, wir sind wirklich nicht fleischlich, denn im Grunde, liebe Gemeinde, wissen wir ganz genau, daß sich auf die ausschließliche Befriedigung von Bedürfnissen keine Kultur bauen läßt, geschweige denn eine Kirche. Vielleicht haben wir uns auch von Freud oder von anderen Leuten sagen lassen, daß irgendwo in der hintersten Ecke unserer triebhaften Bedürfnisse so etwas wie ein Todestrieb lauert. Daß die uferlose Expansion, von der wir lange träumten, in die Katastrophe führen muß, daß Fleischlich-gesinnt-Sein tatsächlich den Tod bedeutet. Aber – und das wäre

82

mein zweiter Schritt – was hat uns denn aus dem Kinderparadies, wenn wir eine sogenannte glückliche Kindheit hatten, aus dem Schlaraffenland uneingeschränkter Triebbefriedigung, oder auch, wenn wir eine so glückliche Kindheit nicht hatten, aus dem Gefängnis ständiger Frustrationen elementarer Bedürfnisse – was hat uns daraus herausgeholt?

II.

Es war dies zweifellos die Begegnung mit dem „Du sollst", mit der Forderung, mit dem Gesetz. Da fängt der Ernst des Lebens an, wie wir so schön zu sagen pflegen. Aber es ist ja auch eine kolossale Erleichterung, wenn man statt dem schwankenden Boden von unsteten und wechselnden Bedürfnissen und Trieben nun sein Leben nach festen Regeln ausrichten kann. Es ist angenehm zu wissen, wann ein Freund „gemein" genannt werden kann und ein Lehrer ungerecht. Und welche Faszination haben heute noch oder – sollen wir besser sagen: heute wieder – die Stichworte: Gesetz und Ordnung? Welche Erleichterung würde es bedeuten, könnte man einen komplizierten Organismus wie eine Universität so in den Griff bekommen, daß alles, was nicht ausdrücklich erlaubt ist, halt als verboten anzusehen ist. Aber da ist auch jene andere Erfahrung: Für viele ist sie konkret geworden im aussichtslosen Kampf gegen sexuelle Impulse, im Kampf gegen schlechte Angewohnheiten, im Kampf gegen das, was wir so den inneren „Schweinehund" zu nennen pflegen. Daß wir in einen tödlichen Kreislauf hineingerieten, und wir verstehen dann besser, was Paulus meint, wenn er den Weg des Gesetzes als einen Weg des Todes, als einen tödlichen Weg bezeichnet. Ich erlebe mich jedenfalls sehr oft so, daß ich bestimmte schwache Seiten bei mir nicht recht mehr wahrnehme und sie mir nicht eingestehen kann. Und ich dann feststelle, daß ich diese eigenen schwachen Seiten beim anderen überscharf sehe und dann anfange, sie dort zu bekämpfen. Dann kann aus einem Gegner ein Feind werden und ich gerate in einen Teufelskreis hinein in dem Versuch, das Gesetz zu erfüllen und doch irgendwie beim Haß herauszukommen. Ich könnte mir vorstellen, daß Paulus sich so empfunden haben muß in jener Zeit, als er seine Lust daran hatte, die christliche Gemeinde zu verfolgen. Ich kann mir schwer vorstellen, daß ich mir Paulus, als er noch Saulus hieß, wie ein sadistisches Monstrum vorzustellen habe. Sondern es muß dies gewesen sein, daß in dem Wunsch, das Gesetz zu erfüllen und Gott angenehm zu sein und darin seine Identität zu finden, die eigenen dunklen Seiten auf den religiösen Gegner – und das waren da nun die Christen, die religiösen Revolutionäre – projiziert werden mußten und dort bekämpft werden mußten.

III.

Und das dritte: Es ist nun nichts – nichts – nichts Verdammliches an denen, die in Jesu Christo sind. Ohne Zweifel, an dieser Stelle wird der Teufelskreis von Schuldgefühlen und Aggressionen unterbrochen. Du brauchst absolut und für immer keine Schuldgefühle zu haben – das heißt das doch auf deutsch. Welche Erfahrung steht hier nun im Hintergrund, welche Geschichte erzählt Paulus und wie ist sie vermittelt worden? Ich glaube, es gibt zwei Antworten auf diese Frage, und damit auch zwei Paulus-Bilder. Die eine Antwort ist der Verweis auf die berühmte und ja sattsam bekannte Damaskus-Geschichte, die sogenannte Bekehrung des Paulus. Wenn auf diese Bekehrung verwiesen wird, dann pflegen diejenigen, die das tun, meistens sehr stark auf den Kontrast hinzuweisen. Saulus – vor der Bekehrung – ein schnaubendes Ungeheuer gegen die Christen, und Paulus nach der Bekehrung einer, der furchtlos und ohne Grauen geht, wohin er geschickt wird, der vor Fürsten und vor Proletarier hintreten kann, der in Gefängnissen sein kann und an den Tischen der Reichen, der Mangel leiden kann und der Fülle ertragen kann, der allen alles werden kann ohne doch sich selbst zu verlieren und sich selbst aufzugeben. Ein Paulus, der *steht* und den man nur bewundern kann und dem dies alles zuteil geworden ist durch einen plötzlichen Umschwung, durch eine plötzliche Lichterscheinung, eine Vision, eine spektakuläre Vision, die ihn innerlich überwunden hat, die ihm zu stark geworden ist und die ihm nun eine neue Lebensmöglichkeit gegeben hat.

Ich muß gestehen, daß mir dieses Bild des Paulus, das von einer nachfolgenden Generation gezeichnet worden ist, mir diesen Mann in eine ziemlich große Ferne rückt. Gewiß gibt es solche Erfahrungen. Man könnte vielleicht auch sagen, daß eine ähnliche Erfahrung Martin Luther gehabt haben mag, als ihm plötzlich in jenem berühmten Turmerlebnis, von dem wir so ganz genau nicht wissen, ob das wirklich historisch in einem Turm und unter welchen Umständen stattgefunden hat – aber indem ihm plötzlich in einem Augenblick klargeworden ist: man muß den Sinn des Wortes „Gerechtigkeit" verändern, dann kann man auch wieder von einer Gerechtigkeit Gottes sprechen, denn die Gerechtigkeit Gottes besteht darin, daß er mich gerecht *macht*. Aber die Schattenseite des Wertlegens auf solche Erfahrungen im Großformat, wie ich das mal nennen möchte, Umbrüche in der Lebensgeschichte eines Menschen, dieses Wertlegen auf solche Bekehrungsgeschichten hat ja den schrecklichen – möchte ich beinahe sagen – Nachteil gehabt und die Folge gehabt, daß nun Menschen auf die Idee gekommen sind, sie müßten ihr Gefühlsleben nun auch in dieselben Bahnen lenken, wie bestimmte Bekehrungserlebnisse der von ihnen verehrten großformatigen Leitbilder. Und dann haben sich immer wieder ganze Generationen von Menschen damit herumgequält, in denselben Bahnen ihre eigenen Gefühle erleben zu müssen und das war oft Krampf und Kampf.

Ich meine, es gibt auch einen anderen Paulus und ein anderes Paulusbild. Das verhaltener, das leiser ist, das alltäglicher, aber das wohl auch authentischer ist. Die Exegeten scheinen sich darüber einig zu sein, daß Paulus seine Umbruchserfahrung in einer bestimmten Stelle im 1. Korintherbrief ausdrückt, und die heißt so: „Gott, der da hieß, das Licht aus der Finsternis hervorleuchten, der hat einen hellen Schein in unsere Herzen gegeben, daß durch uns entstünde die Erleuchtung von der Erkenntnis der Klarheit Gottes in dem Angesichte Jesu Christi."

Für mich heißt das, liebe Gemeinde, der Schöpfergott, der mich mit Trieben und Begierden geschaffen hat, und der auch das Gesetz gegeben hat, kann in seinem innersten Wesen in einem menschlichen zugewandten Antlitz erkannt werden. Das heißt: Liebe. Wenn ich das wahrnehmen kann, daß mir das Antlitz Gottes freundlich zugewandt ist, und das kann ich an Jesus sehen, dann bin ich erleuchtet. Und wenn ich dieses Licht weiterzugeben vermag, dann können auch andere erleuchtet werden. Das ist gar nicht so spektakulär. Das sind keine Visionen im Großformat. Das ist etwas, was sich in der Alltäglichkeit unseres Lebens immer wieder vollziehen kann und vollziehen muß. Denn diese Liebe ist mehr als Triebe und Begierden. Und diese Liebe kann man auch nicht kommandieren. Es wäre sinnlos, jemandem zu sagen: „Frau Meier, das ganze Problem ist, daß Sie Ihr Kind mehr lieben müssen." Was soll sie damit anfangen? Aber man kann daran erinnern, daß uns im Herzen dieser helle Schein innewohnt. Der ist manchmal arg verdunkelt, auch bei mir. Und er scheint manchmal ganz weg zu sein und dann werde ich müde und resigniert, dann bin ich bereit aufzugeben, mich in mich selber zurückzuziehen. Dann wird meine Laterne trüb und Resignation und Müdigkeit greifen um sich. Und doch kann ich mir immer wieder zusagen lassen, daß dieser helle Schein da ist und mir persönlich hilft, daß ich die Vorstellung in mir erwecke, vom zugewandten Antlitz Gottes, das mir in Jesus Christus sichtbar werden kann. Ich glaube, in dieser Zuversicht können wir auch taufen. Die Taufeltern haben sich den Spruch vom hellen Schein ausgesucht als den Taufspruch für ihr Kind. Und in dieser Zuversicht wollen wir es in die Gemeinde Jesu Christi hineintaufen. In der Erinnerung, daß wir es ständig nötig haben, uns gegenseitig zu ermutigen, darin, daß dieser helle Schein in unserem Herzen noch da ist, daß wir uns gegenseitig in Wort und Tat zusprechen können: ihr aber seid nicht fleischlich, sondern geistlich, denn der Geist Gottes, er wohnt ja in euch, er wohnt ja in uns! Das erfahren zu können, heißt Pfingsten! Amen.

Paulus contra Jakobus?

Jakobus 5, 13–16

„Des Gerechten Gebet vermag viel, wenn es ernstlich ist", ist das nur die Wunschvorstellung der in Wahrheit Ohnmächtigen, die Kleine-Leute-Mentalität, die Nietzsche dem Christentum zum Vorwurf gemacht hat? Die illusionäre Kompensation derer, die sich nicht aus ihren infantilen Wünschen lösen können? Wir kennen das ja vielleicht alle mehr oder weniger stark, daß wir uns zu Zeiten eingespannt finden, in einen Kreislauf von Allmachtsphantasien und Ohnmachtserfahrungen. Da kann es uns im täglichen Leben vielleicht geschehen, daß wir den Sieg über irgendeine schlechte Gewohnheit, die wir so gerne loswerden wollen, erringen. Und da denken wir: ach, nun geht das munter so weiter, nun werden wir Schritt für Schritt uns mehr zu dem hin entwickeln, was wir so als Bild von uns selber im Herzen tragen. Oder da ist da ein Einfall, ein guter Gedanke, der wie ein Schlüssel wirkt, zum Aufschließen einer Tür, die uns bisher verschlossen war. Und dahinter vermuten wir schon, daß sich Tür um Tür öffnen wird und wir immer weitergehen werden, von einer Wahrheit zur anderen, von einer Klarheit zur anderen. Oder wir haben noch den Rausch der Technik und des Leistungsprinzips im Ohr, mit der uns gerade im Wahlkampf, der hinter uns liegt, die eine wie die andere Seite zeigen wollte, daß sie in der Lage sei, die Probleme der Zukunft zu meistern. Oder wir denken an die Erlebnisse vieler Studenten, die nun schon Geschichte sind, die meinten, mit einer Gesellschaftstheorie den Hebel gefunden zu haben, die Welt verändern zu können. In unserem täglichen Leben spielt, glaube ich, solche Erfahrung eine ziemlich große Rolle. Aber da ist auch die andere Seite, und vielleicht ist sie heute stärker denn je, die Ohnmachtserfahrung. Daß man sich redlich gemüht hat um irgend etwas, und nun plötzlich meint sehen zu müssen, daß alles keinen Sinn und Zweck hat. Als ich gestern abend über dieser Predigt war, klingelte das Telefon und es rief einer an und sagte: „Was macht man mit einem, der einfach nicht mehr Pastor sein kann und will, dem plötzlich alles sinnlos vorkommt?" Ich mußte Predigt Predigt sein lassen und mit ihm sprechen. Da ist vielleicht ein Manuskript, eine Vorlesung, eine Seminararbeit, von der wir sehen müssen: sie ist leider mißlungen. Und dann kommen wir in dieses Gefühl der Ohnmacht.

Oder wir haben uns redlich gemüht, auch hier im Raum der Universität, um Reformen, um neue Ordnungen, wir haben nächtelang gesessen und diese neuen Ordnungen entworfen, und manchmal packte einen die große Müdigkeit und die Resignation und der Zweifel: ist es denn nun wirklich besser, was wir jetzt machen, oder war nicht das Alte, Bewährte besser? Oder wir werden ganz plötzlich mit unheilbarer Krankheit oder mit dem Tod konfrontiert. Wir müssen uns selber sagen: hier kann ich bestimmt nicht mehr helfen. Oder einer, der mit uns gelebt und gearbeitet hat, steht morgens von dem Frühstückstisch auf und ihm wird schlecht und eine Stunde später ist er tot; plötzlich aus unserer Mitte gerissen.

Allmachtsphantasien auf der einen Seite, und tiefste Ohnmachtserfahrungen auf der anderen stehen oftmals sehr kraß und sehr unmittelbar nebeneinander. Wir machen nun immer wieder Versuche, uns diese Erfahrung des Zwiespaltes, der Spannung oder wir können auch sagen der Ambivalenz im eigenen Innern zu erklären. Die einen sagen, die Ohnmachtserfahrung steht an den Anfängen des Lebens, an den Anfängen der Menschheit, als der Mensch sich mühsam herausarbeitete aus der Reihe der Säugetiere, an den Anfängen des individuellen Lebens auch, wo wir total angewiesen sind, auf die Pflege und die Fürsorge eines anderen Menschen. Und Leben entwickeln heißt, daß man allmählich Instrumente in die Hand bekommt, mit denen man diese Ohnmacht der Anfänge überwinden kann. So entwickeln sich diese Instrumente, so beginnen wir immer mehr Macht über die grundlegenden Fakten des Lebens zu bekommen. So können wir an einen Fortschritt glauben, der es uns ermöglicht, es immer ein wenig besser zu machen als die Generation vor uns. Und dieser Glaube an den unaufhaltsamen Fortschritt der Menschheit hat ja lange Zeit die Gefühle und die Zuversicht der Menschen auf sich gezogen. Und ein solcher Mensch wird dann vielleicht sterben in der Zuversicht: „Nun, ich nicht mehr, aber ihr, die ihr nach mir kommt."

Oder die anderen sagen: die Allmachtsphantasien stehen am Anfang des Lebens. Ein kleines Kind ist ein Organismus, der das Gefühl hat, er kann durch seine Wünsche eigentlich alles verändern. Und wenn er ein Signal, ein Unlust-Signal gibt, dann kommt ja auch in aller Regel jemand, der diese Bedürfnisse und Wünsche erfüllt. Und vielleicht war das auch so in den Anfängen der Menschheit, wo Magier und Zauberer meinten, sie könnten das Wetter beeinflussen, sie könnten alle möglichen Dinge tun. Entwicklung, Vorwärtsgehen, Reifung, ist eigentlich nur, daß man sich mit der doch recht geringfügigen Rolle, die der Mensch im Universum spielt, abfindet, daß man sich in verständiger Resignation in die unabänderlichen Schicksalsgegebenheiten hineinfindet und sie hinnimmt.

Wie dem auch sei, liebe Gemeinde: Diese Doppelheit, diese Spannung, diese Ambivalenz macht das aus, was wir menschliche Erfahrungen nennen. Man kann sie zurückverfolgen bis zu den Texten der Bibel, wo sie aufgenommen, formuliert und bearbeitet wird. Den heutigen Sonntag kann man auf zweierlei Weise berechnen: entweder rechnet man vorwärts vom Trinitatis-Fest her, da ist es der 19., oder man rechnet rückwärts vom Ende des Kirchenjahres her, und je nachdem, wie man rechnet, ergeben sich zwei Möglichkeiten, einen Predigttext zu nehmen, nämlich entweder über einen Text von Paulus oder über den Text, für den ich mich entschieden habe, des Jakobus. Vielleicht symbolisieren diese beiden Namen – Paulus und Jakobus – etwas von diesen Gegensätzen, von diesen Spannungen, von dieser Ambivalenz, die von Anfang an in der christlichen Gemeinde ein Problem war, etwas, was wir heute vielleicht Polarisation nennen, das von Zeit zu Zeit immer wieder stärker aufbricht, dabei jedenfalls immer wieder bedacht und bearbeitet werden will.

Bei Paulus die starke Konzentration auf den Glauben, bei Jakobus Anweisungen zum Leben, sehr bunt gemischt und nicht durch einen inneren Zusammenhang zusammengehalten. Bei Paulus Klarheit der Gedankenführung, hier eine gewisse Unklarheit. Bei Paulus das Stichwort Rechtfertigung, das jeder gute Protestant im Konfirmandenunterricht verinnerlicht hat, und hier eine Polemik gar gegen die Rechtfertigungslehre des Paulus, eine mißverstandene zwar, wie die Exegeten uns beruhigend sagen; aber immerhin eine Polemik, die sagt, es muß nun ja auch Werke geben. Bei Paulus eine klar umrissene Persönlichkeit, mit der man geradezu in eine persönliche Beziehung treten kann, dagegen hinter dem Namen Jakobus verbirgt sich sehr viel Unklares. Nicht einmal eine klare Situation, an die sich dieses Traktat richtet, können wir rekonstruieren. Jakobus hat bei uns Protestanten eine schlechte Presse. Bekannt ist der Ausspruch von Martin Luther, daß dies eine recht strohene Epistel sei. Exegeten sprechen von den Verfallserscheinungen, die sich in der christlichen Gemeinde breit machen. Es wird davon gesprochen, dies sei ein Katalog von Schlagworten für die Massen; man spricht von der institutionellen Verfestigung, man spricht davon, daß das Zentrum des Evangeliums, die Botschaft von Jesus Christus bei Jakobus eigentlich gar nicht vorkommt.

Aber auf der anderen Seite muß man etwas Merkwürdiges konstatieren: Gerade die Verse, die ich vorhin vorgelesen habe, haben eine starke Wirkungsgeschichte entfaltet. Das heißt, so schlecht der Jakobus in der Beurteilung des Protestantismus im allgemeinen wegkommt, diese Verse haben in ganz besonderer Weise immer wieder Christen, und zwar Christen, die ernsthaft Christen sein wollten, angesprochen und stimuliert. Sie haben immer gesagt: wenn ihr das doch nur ernstnehmen würdet, was hier steht, dann würdet ihr auch ganz andere Erfahrungen machen, dann würdet ihr mit dem christlichen Glauben nicht immer in dieser erschreckenden Ohnmachtssituation euch vorfinden. Wenn ihr das doch ernst nehmen würdet, sich wirklich gegenseitig die Sünden zu bekennen, und die befreiende Macht eines solchen Bekenntnisses zu erfahren! Den Mut zu haben, den Kranken wirklich die Hände aufzulegen, und Dämonen im Namen Jesu den Befehl zu geben, auszufahren. Wenn ihr doch den Mut haben würdet, wirklich ernstlich zu beten!

So hat es Bewegungen gegeben, innerhalb und außerhalb der Kirche, die diese Worte des Jakobus sehr ernst zu nehmen versucht haben, und die auch entsprechende Erfahrungen gemacht haben. Solche Erfahrungen hat im vorigen Jahrhundert Johann Christoph Blumhardt in Bad Boll gemacht, solche Erfahrungen hat um die Mitte des Jahrhunderts der Lukas-Orden in den Vereinigten Staaten, in England und auch bei uns in Deutschland gemacht, wo man plötzlich wieder aufmerksam wurde auf den Befehl, die Kranken zu heilen und gemerkt hat, daß ein solcher Befehl eine Verlegenheit für die christliche Verkündigung und das Leben der Gemeinde war. Hier müßte eigentlich etwas geschehen, hat man gesagt, und sich wieder stärker um die Kranken gekümmert.

Aber im Horizont dessen, was Ernstnehmen solcher Anweisungen des Jakobus heißen könnte, tauchen ja nun eben auch Dinge auf, die schrecklich sein können. Es taucht jene schreckliche Geschichte auf, daß Exorzismus plötzlich um die Mitte dieses Jahres ein Thema werden kann in der Presse, weil ein junges Mädchen sterben mußte, weil zwei Priester mit – ich möchte beinahe sagen – Fanatismus und Borniertheit die Zuziehung eines Arztes zum rechten Augenblick verhindert haben. Und dann polarisiert sich das Ganze wieder aufs Stärkste und jener Ansatz von Erfahrungen wird weggedrängt und bekämpft.

Ich habe den Eindruck, der Sinn, genötigt zu sein über einen Text wie den im Jakobusbrief nachzudenken und zu predigen, könnte darin bestehen, Polarisation aufzuheben. Wie kann das geschehen? Doch wohl nur so, daß man das, was man bei anderen überscharf sieht, kritisiert und wohl auch bekämpft, bei sich selber wahrnehmen kann. Daß wir uns auch um die – wenn ich mal so sagen darf – Schattengestalten der christlichen Überlieferung kümmern, wie das Jakobus vielleicht ist. Ich halte mich für einen Theologen, der es auch lieber mit Paulus hält, der auch geneigt ist, den Jakobus für eine stroherne Epistel zu halten. Und der mit Vater Luther im Rücken schon gern mal eine forsche Predigt gegen einen Text halten würde, wenn das notwendig ist. Aber wenn ich mich frage, ob in meinem Leben nicht auch Erfahrungen da sind, die ich persönlich mit diesen Worten des Jakobus in Verbindung bringen würde, dann gibt es solche Erfahrungen. Ich habe den Eindruck, daß ich sehr zögernd nur darüber spreche, aber dieser Text gibt mir Anlaß dazu. Auch ich habe erfahren, daß das offene Bekenntnis eigener Schuld vor einem anderen Menschen in bestimmten Situationen eine ungeheure Befreiung sein kann. Und ich habe auch anderen Menschen den Dienst getan, ihnen die Vergebung der Sünden auf den Kopf zuzusprechen. Allerdings ohne das Bedürfnis, das nun zu institutionalisieren und zu einer regelmäßigen Veranstaltung werden zu lassen. Auch ich habe als die erfülltesten Augenblicke des Tages erlebt, daß, als unsere Kinder klein waren, und ich sie ins Bett brachte, ich ihnen die Hände auflegte und den Namen des Dreieinigen Gottes über diesen Kinderbetten genannt habe, als ein erfüllter Augenblick der Nähe, einen Augenblick, in dem sich etwas Besonderes ereignet, der irgendwie qualifiziert ist und vielleicht können Sie das ein bißchen nachempfinden. Auch ich habe, als ich Krankenhauspfarrer war, erlebt, daß das möglich ist, daß, wenn man an ein Sterbebett gerufen wird, wo eine Patientin schon ins Badezimmer gefahren ist, weil die Ärzte und das Pflegepersonal sie aufgegeben hat, sie in der Agonie liegt, sie keine Kommunikationsmöglichkeit mehr hat, und ich dann in jenem Ohnmachtsgefühl nichts anderes tun konnte als ihr die Hände aufzulegen und ein Wort des Segens zu sprechen. Und wenige Tage später fand ich sie lebend vor und sie sprach mich an, und sie sprach mich auf dieses Erlebnis an und sagte: daß Sie da waren, und daß diese Erfahrung der Handauflegung für sie da war, hat für sie viel bedeutet. Oder ich denke an jene junge Frau, die ich in diesen Krankenhaustagen anfing, seelsorgerlich zu betreuen. Wo mir die Ärzte sagten: drei Monate wird sie noch leben können, dann wird die Tuberkulose so weit fortgeschritten sein, daß sie sterben muß, und wir werden sie in absehbarer Zeit entlassen, aber nur zu einem sicheren und gewissen Tod. Und sie lebt heute noch und ab und zu kriege ich von ihr einen Brief, und ich frage mich: hat das etwas damit zu tun, daß wir versucht haben, ihre Probleme ein wenig aufzuarbeiten, anzugehen, daß es um eine seelsorgerliche Bemühung in so einem Augenblick ging.

Ich glaube, liebe Gemeinde, wir sollten dankbar sein, daß es Texte gibt, die uns dazu auffordern, alles, was uns vielleicht doch nicht so ganz entspricht, was aber doch als Erfahrung, auch als Glaubenserfahrung in unserem Leben da ist – und mir geht's jedenfalls so – alles, was wir mit einer großen Scheu behandeln und über das wir nicht gern sprechen, daß wir so etwas neu sehen und auch artikulieren. Ich habe eigentlich nicht den Eindruck, daß ein Text wie der des Jakobus dazu geschrieben wurde, um den Zwiespalt im eigenen Innern zu einem Machtkampf zwischen Größen- und Allmachtsphantasie und Ohnmachtserfahrung zu steigern. Oder auch die Polarisation zu einem Machtkampf zwischen den Gruppen innerhalb und außerhalb der Kirche werden zu lassen. Dieser Text kann aber vielleicht etwas anderes tun. Er kann uns zeigen: wenn ihr eine funktionsfähige Gemeinde wärt, dann müßte es eigentlich möglich sein, daß Erfahrungen vielfältigster Art unter Euch lebendig sind und zum Ausdruck gebracht werden, und daß wir uns damit gegenseitig bereichern. Wir haben Derartiges vielleicht ansatzweise in den letzten Semestern montags hier immer in der offenen Uni-Kirche erfahren. Wo Christen mit sehr verschiedenem Hintergrund zusammenkommen und ihre Erfahrungen mit Gott, mit einem Text, mit einem christlichen Symbol austauschen. Wo wir keine theologischen Streitgespräche miteinander führen, auch keine politischen Streitgespräche, sondern wo wir uns, gerade durch die Verschiedenheit der Blickpunkte, gegenseitig bereichern. Die Devise heißt dann eben: *nicht* Paulus statt Jakobus, sondern Paulus *und* Jakobus im eigenen Innern und Paulus und Jakobus auch in der christlichen Gemeinde, einer Gemeinde, die das Notwendige, was zu tun ist, tut. Und das Salben mit Öl, die in der Antike bevorzugte Therapiemethode, kann dann eben auch die Kobaltbombe sein oder eine komplizierte Psychotherapie. Eine Gemeinde, in der wir füreinander offen sind, auch im Eingeständnis eigener Schuld und der Bereitschaft, uns zu vergeben. Eine Gemeinde, die sich immer wieder zusammenfindet im Gebet.

So, nun möchte ich allerdings den eingangs zitierten Satz: des Gerechten Gebet vermag viel, wenn es ernstlich ist, nicht so stehen lassen. Ich glaube, in dieser Formulierung ist es ein gefährlicher Satz, weil es nämlich so erscheinen könnte, als ob das Gebet von der Ernsthaftigkeit abhängt, mit der wir es vorbringen – zelebrieren hätte ich beinahe gesagt –, oder mit der Inbrunst unseres Herzens, mit der wir beten, etwas zu tun hätte. Im Urtext steht hier ein Wort, das im Passiv steht und das man vielleicht am besten so übersetzt: „Des Gerechten Gebet vermag viel, wenn es *wirksam* gemacht wird." Ich würde sagen: wenn es ratifiziert wird. Und vielleicht hilft uns dieser Ausdruck aus der Politik, ein wenig zu verstehen, worum es hierbei geht im Gebet. Das Gebet ist eben gerade *nicht* der schrankenlose Ausdruck unserer Wünsche, ob sie nun infantil oder nicht infantil sind, ob sie reif, ob sie realitätsangepaßt sind oder wie immer, sondern wenn man sich aufs Gebet einläßt, erfährt man jene Schranke der eigenen Wunschwelt, jene Schranke, die darin besteht, daß wir unsere eigenen Wünsche ratifizieren lassen müssen von jemandem, der ich nicht selber bin. Und darauf kommt es auch in dem gemeinsamen Tun, Handeln und Beten innerhalb der christlichen Gemeinde an.

Lassen Sie uns so in das neue Semester gehen, indem wir den Zwiespalt unserer Herzen, die Allmachtswünsche und die Ohnmachtserfahrungen, die paulinische Theologie und die Erfahrungen der Jakobus-Gruppe vor Gott und füreinander öffnen und uns gegenseitig helfen, uns gegenseitig bereichern, Lehrende und Lernende, Helfer und Hilfsbedürftige. Möchten auch die neuen Studenten, die nun mit diesem Wintersemester zu uns kommen, bei uns aufgenommen werden mit ihren neuen und andersartigen Erfahrungen, die mich manchmal in Erstaunen versetzen und mir fremd vorkommen! Daß solche andersartigen Erfahrungen der jungen Menschen nicht zur Polarisation werden, sondern zu einer wechselseitigen, fruchtbaren Ergänzung. Amen.

Wer sich ausstreckt auf das Ziel hin...

Matthäus 24, 1–13

Ich weiß nicht, ob es Ihnen auch manchmal so geht in der Adventszeit wie mir:

Da ist einerseits das, was uns das Herz warm macht: der Eifer der Kinder, mit dem sie ihre Adventskalender basteln und sich in geheimnisumwitterte Weihnachtsvorbereitungen begeben. Da ist die Harmonie der Musik. Man rafft sich endlich einmal wieder auf und setzt sich ans Klavier und singt einmal wieder die alten Weisen, wie wir sie heute hören.

Und dann fragt man sich andererseits verwirrt: Geht das denn angesichts der Erdbeben in der Türkei, geht das angesichts der Fackeln von Demonstrationszügen, geht das angesichts der schweren Konflikte unter uns, angesichts der wirtschaftlichen Not unserer Studenten, der Not der ausländischen Kommilitonen, dem Zerbrechen von Fraktionsgemeinschaften? Was tun wir eigentlich, wenn wir mit ein paar Weihnachtsliedern in den Kliniken gegen die Realität von krebskranken Todeskandidaten anzusingen versuchen? Wenn wir mit ein paar Kerzen das Dunkel um uns zu erhellen versuchen? Wenn wir mit ein paar freundlichen Gaben gegen die Welle von Lieblosigkeit, Haß, Verleumdung und Gleichgültigkeit anzugehen versuchen?

Und dann kommt auch noch der 2. Advent herbei, dessen Texte das Kommen Jesu mitten hineinstellen in eine verführerische Bilderwelt von äußeren und inneren Katastrophen und Konflikten. Verführerisch deshalb, weil wir uns doch mehr oder weniger alle schon einmal dieser merkwürdigen Mischung von depressiven und aggressiven Zügen überlassen haben: Ja, ja, es hat doch alles keinen Zweck mehr, es wird doch alles kaputt gehen und recht geschieht es den Menschen schon, die ja nun mal keine Vernunft annehmen wollen. Und wir? Wo sind wir? Werden wir mit hineingezogen in diesen tödlichen Strudel von Zerstörung und Vernichtung? Oder glauben wir tatsächlich, uns auf irgendein privatistisches Inselchen retten zu können, während rings um uns alles zum Teufel geht? Ist das die angemessene Haltung der Christen? Meinen wir uns in die Fluchtburgen unserer Innerlichkeit retten zu können?

„Wer sich geduldig ausstreckt auf das Ziel hin, der wird gerettet werden."

Lassen Sie uns miteinander bedenken, was das heißten könnte, für uns als Christen in dieser unserer Situation.

Ich sehe mich in diesen Tagen förmlich eingespannt zwischen die sich einander widersprechenden Unheilsprophetien auf der einen Seite und die Heilsprophetien andererseits. Ich höre die warnenden Worte derer die sagen: Die Energiereserven der Welt sind begrenzt, es kann so nicht weitergehen, die Gefahren eines unbegrenzten Wachstums sind zu groß. Wir treiben alle miteinander auf eine Katastrophe ungeahnten Ausmaßes zu.

Und ich höre die beruhigenden Worte derer die sagen: mit Hilfe der Atomernergie lassen sich die Probleme meistern. Die Computer des Zukunftsforschungsinstitutes von Hermann Kahn sagen voraus, daß die Bevölkerungszuwachsrate wie auch die allgemeine Wachstumsrate sich einpendeln werden, es kann alles so weitergehen, kein Grund zur Beunruhigung.

Wem soll ich glauben? Mir fehlen die Sachkenntnisse und das Wissen, um das einwandfrei beurteilen zu können und die Aussicht ist gering, daß ich das je werde durchschauen können.

Freilich, eines verstehe ich: Die optimistischen Prognosen hängen alle an einer winzig kleinen Voraussetzung: Der Voraussetzung nämlich, daß das Lebensziel der Menschen der Zukunft nicht in der sinnlosen Anhäufung von Besitz besteht, sondern in dem, was man sinnvolle Lebensqualität nennen könnte. Weil die Menschen, wie Hermann Kahn das formuliert, mehr Erfahrungen suchen werden, wie sie Reisen, Kunst und Kultur vermitteln als materielle Güter. So stellt sich uns allen die Frage: Wo kriegen wir neue Ziele her?

„Wer sich geduldig ausstreckt auf das Ziel hin, der wird gerettet werden."

Könnten diese neuen Ziele, diese neuen Sinnstrukturen aus Worten kommen wie einem solchen? Und wäre es unsere Aufgabe als Christen, dies unseren Zeitgenossen in besonderer Weise zu vermitteln?

Ich habe manchmal den Eindruck, wir haben das, was für den Menschen wichtig und belangvoll sein könnte, zu stark von den Ursachen, den Gründen, der Vergangenheit her bestimmt. Wer die letzten 30 Jahre unserer Nachkriegsgeschichte lebendig miterlebt hat, der wird doch wohl sagen müssen, daß das, was wir wollten, vor allem bestimmt war von dem, was wir nicht wollten. Wir wollten ganz sicher keine faschistische Diktatur wieder auf deutschem Boden; wir sollten nie wieder nachts in den Luftschutzkeller rennen müssen; wir wollten, daß es, wenn es im Morgengrauen klingelte, der Milchmann war und nicht die Geheime Staatspolizei; wir wollten nie wieder hungern und frieren müssen; wir wollten nie wieder unsere Teppiche und Wertsachen für ein paar Kartoffeln oder Eier aufs Land tragen müssen und vieles andere mehr.

94

Und wir haben es geschafft! Eines Tages waren wir wieder wer. Nur eigenartig, daß von diesem Zeitpunkt an das Gespenst des „häßlichen Deutschen" anfing umzugehen. Daß unsere Nachbarn im Ausland, die mit Mühe die Greuel der Nazi-Herrschaft überwunden hatten, empfindlich auf unsere Arroganz zu reagieren begannen, mit der wir die anderen anfingen zu belehren. Und darauf, daß wir mit der Stabilität unseres Geldes ganze Landstriche – und sei es nur zur Urlaubszeit – in Besitz nahmen und sie mit unseren Forderungen zu deformieren und zu demoralisieren begannen. Haben wir uns die richtigen Ziele gesetzt? Ziele, die standhalten in Ölkrisen, Bildungskrisen, persönlichen Krisen?

„Wer sich geduldig ausstreckt auf das Ziel hin, der wird gerettet werden." Kann von daher eine Antwort kommen, die krisenfest ist, die Zukunftsperspektiven aufreißt, die lohnend ist vielleicht auch für unsere Kinder und Enkel?

Vielleicht haben wir auch im persönlichen Leben zu viel von der Vergangenheit, von den Ursachen und Verursachungen unserer Probleme her gedacht? Ganze Generationen haben ein ungeheures Maß von Energie darauf verwendet, sich von den Bindungen an die vorige Generation freizukämpfen und wo immer wir Krisen und Konflikte erlebten, haben wir uns als Berater auf die Vergangenheit konzentriert und diese Konflikte von daher zu verstehen versucht. Wenn heute jemand als Schlagersänger oder als Schauspieler Erfolg haben will, dann muß er der Öffentlichkeit mindestens die dramatische Geschichte seines kindlichen Ödipuskomplexes enthüllen.

Aber haben wir uns tatsächlich sinnvolle Ziele, Orientierungspunkte für die Zukunft gesetzt? Ich erlebe es jedenfalls, daß ich immer wieder von Zeit zu Zeit die Prioritäten in meinem Terminkalender überprüfen muß, wenn ich nicht zermahlen werden will von der Fülle der Anforderungen. Und vielleicht ist die Adventszeit eine geeignete Zeit dafür, dies zu tun, nämlich sich einmal zu fragen, ob dies oder jenes Forschungsprojekt das wichtigste ist, ob dieser oder jener berufliche Aufstieg unbedingt sein muß, ob dieser oder jener finanzielle Erfolg unbedingt errungen werden muß, ob diese oder jene Note in der Examensarbeit unbedingt geschafft werden muß? Wenn wir doch dafür einen so erschreckend hohen Preis bezahlen müssen, daß ich nämlich keine Zeit und keinen Blick mehr habe für den Menschen neben mir und die Liebe erkaltet. Daß ich mich nicht mehr freuen kann an einer Blume, einem Lied, einer Schneeflocke.

„Wer sich geduldig ausstreckt auf das Ziel hin, der wird gerettet werden." Aber was ist denn nun dieses ominöse Ziel, auf das hin wir uns ausstrecken sollen? Wie wird es beschreibbar, anschaulich greifbar, verstehbar?

Das Ziel, das uns unser Text beschreibt, ist keine Sache und keine Idee, es ist eine Person. Eine Person freilich besonderer Art, die als Kind in der Krippe geboren wird und von der die Überlieferung sagt, es sei ein wahrer Mensch und ein wahrer Gott, ja der Herr des Universums.

Ich erlebe gelegentlich von der jungen Generation her die ganz verhaltene Anfrage: Was bist Du eigentlich für einer? Bist du vertrauenswürdig, kann man sich mit dir identifizieren, kannst du uns Ziele zeigen, für die es sich zu leben lohnt? Ich bin dann immer sehr erschrocken vor der Größe einer solchen Verantwortung und habe eine Tendenz, mich zurückzuziehen. Ich möchte dann so gerne auf diesen Jesus hinweisen als auf eine vertrauenswürdige Gestalt, als auf einen, auf den man schrankenlos vertrauen kann, auf den man ohne Hemmungen hoffen kann, den man lieben kann, ohne Enttäuschungen erwarten zu müssen – eben weil er nicht von dieser Welt ist. Könnte er das Ziel sein, auf das hin wir unsere eigenen Ziele immer wieder korrigieren und ausrichten lassen müssen? Weil er kein Stalin und kein Hitler ist, kein Franz Joseph Strauß und kein Mao Tse-tung und auch kein Kennedy oder Jimmy Carter. Und doch vermag er so viel in uns anzusprechen, was wir in der Fülle unserer vorläufigen Ziele immer wieder verdrängen oder übertönen lassen. Er kann dies sein, weil ich mich auf ihn verlassen kann. Sicher, wir haben alle immer wieder noch manche Schritte zu tun, um uns selbst zu finden und damit unsere eigene Identität. Aber wir können uns vielleicht auch einmal selbst verlassen, gleichsam aus uns heraustreten. Und ich kann mir nur sehr schwer vorstellen, wie das anders möglich sein sollte als in der Bewegung hin auf ihn: Ich verlasse mich auf ihn hin.

Ob wir uns auch in der Adventszeit 1976 aufmachen können hin zu ihm in seine Richtung mit der Bitte: Nun komm der Heiden Heiland! Du Heiland der Demonstranten und der Polizisten, du Heiland der Heimatlosen und Entrechteten, du Heiland der Mächtigen und der Ohnmächtigen, der Heiland der Türken und Perser, der Heiland der Selbstsicheren und der Verzweifelten. Ja, komm Herr Jesu. Amen.

Weihnachten,
Ausdruck einer universalen Identität?

Titus 3, 4

Welches ist eigentlich der schönste Augenblick am Weihnachtsfest?

Ich erlebe das immer wieder so: Das ist der schönste Moment, wenn ich einem anderen Menschen aus dem Kreis derer, die mir besonders nahe stehen, *sein* Weihnachtsgeschenk übergebe: Du, das ist für Dich! Und dann das Beobachten des Auspackens, die Spannung: Was wird es sein? Und dann das aufblitzende Erkennen in den Augen des anderen: Aber das ist doch... das ist doch das, was ich mir immer schon gewünscht habe, was ich vielleicht vor Monaten einmal beiläufig erwähnt habe. Und nun habe ich bekommen, worauf ich immer schon gewartet habe.

Was wir gehört und gesungen haben, schildert genau diesen Vorgang: Menschen erkennen vor dem Kind in der Krippe mit fassungslosem Staunen: Aber das ist doch... das ist doch das, was wir uns schon immer gewünscht haben, worauf wir immer schon gewartet haben.

Ob wir das miteinander verbinden können: Das freudige Aufzucken über ein gelungenes Weihnachtsgeschenk – und unser Fragen und Suchen gegenüber der Weihnachtsbotschaft? Daß wir genauso freudig aufzucken, weil es uns plötzlich wie Schuppen von den Augen fällt und wir die Zuwendung und Menschlichkeit Gottes sehen können im Kind in der Krippe. Ob es an unseren Augen liegen könnte, wenn wir das nicht so ohne weiteres sehen können und ob wir das ein Stück weit wieder lernen können: dieses freudige Aufzukken: das ist ja genau das, worauf ich immer gewartet habe.

Liebe Gemeinde, alle Jahre erleben wir es, daß zentrale christliche Symbole geradezu explosionsartig in den Mittelpunkt des öffentlichen Interesses geraten: Schaufenster werden mit dem Kind in der Krippe dekoriert; der Stern von Bethlehem macht ein paar Wochen lang mit seiner Allgegenwart dem Mercedes-Stern Konkurrenz; die symbolische Geste des Schenkens, der Ausdruck der „vorlaufenden Gnade" Gottes, pervertiert zu einem Tauschgeschäft gigantischen Ausmaßes; Staatsoberhäupter beschwören den Weihnachtsfrieden, der dann tatsächlich ein paar Tage lang die Waffen der Kriege und Bürgerkriege schweigen läßt; Lokalredakteure der Zeitungen erachten plötzlich den Kirchenbesuch an den Weihnachtstagen einer Balkenüberschrift für wert; Fernsehnetze transportieren den Weihnachtssegen des Papstes bis an die entlegensten Örter der Erde.

Aber nun geschieht in unserer Gegenwart auch etwas Merkwürdiges: Diejenigen, die sich für den ganzen „Weihnachtszauber" verantwortlich fühlen müssen, die Christen, „die es ernst meinen", beginnen, sich von ihren eigenen Symbolen zu distanzieren, als ob sie selbst erschrocken wären, daß die immer noch so eine unerwartete Breitenwirkung ausüben, als ob sie sich unfähig fühlen, mit ihr auf angemessene Weise umzugehen. Die Geister, die sie einstmals riefen, scheinen sie zu stark zu ängstigen, als daß sie sich ihrer noch bedienen könnten. Da gibt es Weihnachtsprediger, die den ungewohnten Zulauf der Weihnachtsgottesdienste dazu benützen, jedenfalls klar zu machen, was Weihnachten *nicht* ist. Da gibt es Aktionen, die zum kritischen Konsum aufrufen und zur Hilfe für die Dritte Welt, was ja auch sicher gut ist und was ich auch ausdrücklich heute tun möchte, aber das kann sich auch wie Mehltau auf die zarten Pflänzchen von Gefühl und Emotionalität legen. Und da ist vor allen Dingen das Fallbeil des Kitschverdachtes, mit dem letzte Reste von Brauchtum und Volksfrömmigkeit förmlich exekutiert werden können und vieles andere mehr.

So kann es denn soweit kommen, daß die ungedeuteten christlichen Weihnachtssymbole wie heimatlose Gespenster durch die Welt geistern. Losgelöst von ihrem eigentlichen Grund vermögen sie nur das auszulösen, was als die Schattenseite des Weihnachtsfestes nur allzu gern und immer wieder verschwiegen wird: Die Unfähigkeit der Christen, angemessen feiern zu können und ihre eigenen Symbole angemessen deuten zu können, führt erst zur restlosen Kommerzialisierung und bringt viele Menschen unter Leistungsdruck. So bleibt in vielen Familien als letzter Rest eines Rituals nur der ritualisierte „Weihnachtskrach", weil die Nerven überreizt sind und die Hetze der Vorweihnachtszeit einen fertig gemacht hat. So konstatieren wir das sprunghafte Ansteigen der Selbstmordziffern in der Weihnachtszeit und die Telefonseelsorge hat Hochkonjunktur, weil das „Fest der Familie" die eigene Einsamkeit bis zur Unerträglichkeit steigern kann und die eigenen Abwehrkräfte dem geballten Ansturm von Gefühlen nicht mehr gewachsen erscheinen.

Zu Weihnachten drücken sich oft auf recht hilflose Weise die unterschiedlichsten Gefühle und Empfindungen aus, denen nur eines gemeinsam zu sein scheint: daß sie zum Bestehen des sogenannten „Lebenskampfes" wenig geeignet erscheinen und daß sie deshalb im normalen Alltag einer rational technischen Zivilisation tunlichst zu unterdrücken oder zu verdrängen sind.

Könnte es sein, daß die Christenheit dazu aufgerufen ist, diesen geheimen Sehnsüchten und Gefühlen einen Namen zu geben, sie zu benennen und damit so etwas wie eine universale, weltweite, umfassende Deutung zu geben?

Die Kinderpsychologen sagen uns, daß das menschliche Kind erst dann richtig zum Menschen wird, wenn die Mutter nicht nur einzelne, auseinanderstrebende Körperbewegungen, Körperfunktionen und Gefühle beantwortet, akzeptiert und begrüßt, sondern in ihnen das „Selbst" des Kindes erspürt, und mit ihm in Kontakt tritt, indem sie dem Kind einen Namen gibt und es bei seinem Namen als eine Ganzheit anspricht und so den Zerfall verhindert.

Könnte es sein, daß die zu Weihnachten entfesselten Gefühle und Sehnsüchte gleichsam nur darauf warten, bei einem Namen genannt zu werden, gedeutet und identifiziert zu werden.? „Erschienen ist die Zuwendung und Menschlichkeit Gottes unseres Heilandes *allen Menschen*. Fürchte dich nicht, ich habe dich erlöst, ich habe dich bei deinem Namen gerufen, du bist mein." Das wäre dann nicht nur die umwerfende Erfahrung einer kleinen Menschengruppe, die sich Christen nennen, sondern es wäre die grundlegende Deutung für all die Empfindungen, Gefühle und Sehnsüchte, die wir alle weniger oder mehr in uns spüren und die sich zu Weihnachten einmal besonders stark ausdrücken dürfen.

Der alttestamentliche Prophet sieht die Völkerscharen von aller Welt Enden her zum Zion pilgern und Israel reiht sich in diesen Strom nur ein. Es führt ihn nicht an und es dominiert ihn nicht, es deutet ihn aber als Heil, das aller Welt Enden sehen sollen.

Die fromme Überlieferung läßt die drei Weisen, Magier oder Könige als Repräsentanten der Völkerwelt zum Kind in der Krippe ziehen mit dem, was ihnen am wertvollsten und wichtigsten erscheint: Gold, Weihrauch und Myrrhe.

Verbirgt sich in der Tatsache, daß das Kind in der Krippe wenigstens ein paar Tage lang als der Herr der Welt anerkannt wird – in aller kommerzialisierten Verkleidung und im Mummenschanz von ungedeuteten Symbolen und Gefühlen nicht doch etwas unendlich Wertvolles: Die tiefe Sehnsucht nach einer universalen Menschlichkeit, die nicht durch Macht, nicht durch glänzende Argumente, auch nicht durch Schlitzohrigkeit erzwungen werden kann, sondern allein in kindlicher Hilflosigkeit, in Zuwendung und in Menschlichkeit seinen Ausdruck findet?

Gott ist dann nicht länger das Symbol für all das, was verboten ist, was Angst und Schrecken einjagen kann. Er steht auch nicht für die Bereiche des Lebens, die sich nicht vollständig in die Hand bekommen lassen und aus denen uns unversehens Schicksalsschläge treffen, sondern seine Herrschaft drückt sich in der Zuwendung und Menschlichkeit eines Kindes aus und ermöglicht uns damit Zuwendung und Menschlichkeit.

Vielleicht waren wir noch nie so nahe daran, das zu verstehen, da sich doch als allgemeines pädagogisches Prinzip die Einsicht durchzusetzen beginnt, daß Verhaltensänderungen niemals durch Forderungen alleine zustande kommen können, sondern immer nur durch Zuwendung.

Auf die Erde voller kaltem Wind
kamt ihr alle als ein nacktes Kind.
Frierend lagt ihr ohne alle Hab
als ein Weib euch eine Windel gab.

So formuliert Brecht die Grunderfahrung des menschlichen Daseins. Ob wir es nicht alle von Zeit zu Zeit nötig haben, uns daran erinnern zu lassen? Ob diese Grunderfahrung aber nicht auch immer wieder die Sinngebung und die Deutung braucht, die unser Textwort ausspricht? Erschienen ist die Zuwendung und Menschlichkeit Gottes unseres Heilandes allen Menschen. Dir, der du vielleicht aus Überforderung und Hetze hierhergekommen bist, dir, der du vielleicht tiefe menschliche Enttäuschungen erfahren hast, dir, der du vielleicht nicht mehr glauben magst, daß Zuwendung und Menschlichkeit unter uns noch Wirklichkeiten sind. Aber auch dir, der du voller Freude und innerer Ruhe bist, nur diesen Stimmungen und Gefühlen noch keinen rechten Namen zu geben vermagst.

Lassen Sie uns eines gegenseitig versprechen in dieser Stunde: Daß wir versuchen wollen, die symbolische Geste des Schenkens über die Feiertage hinweg in unseren nachweihnachtlichen Alltag hinüberzuretten. Ich glaube, wir können das dadurch tun, daß wir sie auf angemessene Weise deuten, ihr einen Namen geben, der über alle Namen ist – indem wir Christus ehren, Herz und Sinnen zu ihm kehren und in uns aufnehmen, was das Kind in der Krippe und der Mann am Kreuz uns sagen will: Du, das ist für dich! Kannst du dich darüber freuen, wertes Volk der Christenheit? Dann stimme mit ein in den Jubel der Weihnachtsüberlieferung, den sie für uns formuliert und den wir nicht jedesmal neu erfinden müssen. Denn die Zuwendung und Menschlichkeit Gottes ist uns allen heute sichtbar geworden. Des laßt uns alle fröhlich sein. Amen.

„Schmecken und Bauen" –
Eine Abendmahlsmeditation
1. Petrus 2, 1–10

Ich möchte gern schmecken lernen. Wer kann mich lehren zu schmecken?

Jesus spricht: „So ihr nicht werdet wie die Kinder, so könnt ihr das Reich Gottes nicht sehen."

Das Kind schmeckt. Seine ganze Lebenserfahrung ist auf das Schmecken konzentriert. Das Kind lernt schmecken und schmeckend lernt es. Ob ich schmecken und lernen kann wie ein Kind?

„Das schmeckt gut", sage ich, und „Das schmeckt schlecht."

Ich sage selten: „Das schmeckt schön" und „Das schmeckt häßlich", obwohl es logisch wäre. Ich sage nie: „Das schmeckt böse."

Ich sage: „Das schmeckt mir." Ich kann nie sagen: „Das schmeckt Dir", ich kann nur fragen: „Schmeckt Dir das?"

Was ich schmeckend lerne, ist mein Geschmack. Ich denke eigentlich immer: „Ich habe einen guten Geschmack." Und wenn mir andere sagen: „Du hast ja keinen Geschmack" oder „Das war geschmacklos", bin ich gekränkt und verletzt. Keinen Geschmack zu haben ist schlimm, aber es sollte mein Geschmack sein und nicht der Geschmack der anderen.

Wir werden angeredet als solche Menschen, die die Güte Gottes geschmeckt haben, wie wir die Milch unserer frühen Jahre geschmeckt haben.

Ein Theologe des vorigen Jahrhunderts hat gesagt: Religion sei Geschmack für das Unendliche.

Kann man Gott wirklich schmecken? Ist Gott zu schmecken vielleicht wesentlicher als ihn zu denken, ihn zu erkennen, ihn sich vorzustellen?

Vielleicht heißt Gott zu schmecken, irgendeine Alltagserfahrung machen, die für mich eine ganz besondere Qualität bekommen hat. Ein Element von Tiefe, von tiefem Leid, von tiefem Glück – eine Qualität, die schwer mitteilbar ist, die nur mir schmeckt?

Es gibt Virtuosen des Schmeckens. Wenn sie Wein trinken, schmecken sie den Boden, auf dem die Trauben gewachsen sind, die Lage, das Jahr. Und wenn der Wein bloß süß ist, sagen sie: „Er schmeckt schlecht."

Wir haben einen Schluck Wein getrunken, und dazu wurde gesagt: „Christi Blut für Dich vergossen, das stärke Dich."

Jesus hat den Kelch des Vaters getrunken, und er schmeckte bitter.

Jesus hat im Bitteren die Liebe geschmeckt.

Heißt das vielleicht, Gott schmecken, im Bitteren die Liebe schmecken? Im Endlichen das Unendliche schmecken? Schmecket und sehet wie freundlich der Herr ist. Das Blut Christi stärke Dich.

Ich möchte gern bauen lernen. Wer kann mich lehren zu bauen? Jesus spricht: „So ihr nicht werdet wie die Kinder, so könnt ihr das Reich Gottes nicht sehen."

Das Kind baut. Seine ganze Welterfahrung ist auf das Bauen konzentriert. Das Kind lernt bauen und bauend lernt es. Das Kind baut einen Turm, der bis in den Himmel reichen soll. Aber es geht nicht. Der Turm fällt immer wieder ein. Da zieht es sich für eine Weile auf das Schmecken zurück. Es lutscht an seinem Daumen, und das schmeckt gut. Es tröstet. Aber nicht für immer. Aus dem Schmecken kann man wieder ins Bauen kommen. Und dann geht es besser, wenn auch nicht vollkommen.

Ein Kind lernt beim Bauen, daß eigentlich nur zusammen Bauen Spaß macht. Mach Du das und ich mache das, und zusammen ergibt es etwas Schönes. Ich möchte gern bauen lernen wie ein Kind.

Wer bauen kann, ist aufbauend oder erbaulich. Beides ist schrecklich. Die Aktivisten und die Erbaulichen haben das Schmecken verlernt. Sie haben selten Geschmack. Ich möchte das Bauen mit dem Schmecken und das Schmecken mit dem Bauen lernen.

Wir werden nun als lebendige Steine angeredet, die sich selbst bauen zu einem geistlichen Haus. Kann man sich selbst bauen?

Vielleicht, wenn irgendwo der Anfang gemacht ist, so daß wir den nicht selber zu finden brauchen? Eine Art Grundstein?

Was sind auf dem Grundstein Jesus alles für Häuser gebaut worden! Hütten und Paläste, Folterkammern und Spitäler. Die kümmerlichen waren eigentlich immer viel schöner als die Prachtbauten, die so schrecklich schnell zu Investitionsruinen werden.

Was sind wir hier heute morgen für ein Bau, Du und ich, die einzelnen Gruppen, wir alle?

Wenn ich selber ein lebendiger Stein bin, dann kann ich selber den ganzen Bau niemals sehen, weder in seiner ganzen Kümmerlichkeit noch in seiner ganzen Großartigkeit. Ich sehe nur Teilaspekte, und das ist gut so.

Ich weiß nur, daß ich eine ganz bestimmte und einmalige Funktion habe: Ich muß den tragen, der über mir ist; den stützen, der neben mir ist; ich darf

Wenn wir diesen Text als eine Rezeptur zur raschen und reibungslosen Beseitigung von Mißständen zu hören versuchen, dann bleibt er stumm. Er will etwas anderes und er tut etwas anderes: Er stellt vor unsere innere Anschauung eine Vorstellung und ein Bild, das so groß ist, daß es immer wieder durch die Jahrhunderte hin die Phantasie und die schöpferische Kreativität inspiriert hat. Allerdings, und das wollen wir nicht verschweigen – auch die verhängnisvollen Triebe und Instinkte der Menschen angeregt hat. Die Vorstellung von der Herrschaft Gottes ist die Vorstellung von einer Theonomie oder Theokratie. Vielleicht hat diese Vorstellung und dieses Bild den ergreifendsten Ausdruck in jener unvergänglichen Dichtung gefunden, die uns auch heute noch auf so unmittelbare Weise anzusprechen vermag:

Der Herr ist mein Hirte, mir wird nichts mangeln, er weidet mich auf einer grünen Aue und führet mich zum frischen Wasser.

Sicher, wir spüren, daß diese Verse mehr unsere Gefühle und Sehnsüchte, mehr unsere emotionale Seite anzusprechen vermögen als uns unmittelbare Handlungsanweisung zu geben. Aber diese Worte haben sich als gültig und tragend erwiesen unter der Knute altorientalischer Gewaltherrschaft; unter dem Druck der Steuerschraube absolutistischer Fürsten; unter Feuer und Schwert, die im Zeichen des Halbmondes *und* des Kreuzes die Menschheit heimsuchten; unter den Größenphantasien eines Wilhelm II. und in den Gestapokellern und den Gaskammern von Auschwitz. Und es gilt auch unter den sogenannten Sachzwängen und Mängeln, die von uns selbst gewählte Volksvertreter und „Macher" verwalten.

Und ob ich schon wanderte im finsteren Tal, fürchte ich kein Unglück, denn du bist bei mir, dein Stecken und Stab trösten mich.

Freilich, liebe Gemeinde, daß das offenbar so ist, daß uns diese Verse auch heute noch ansprechen – das entbindet uns nicht von der Aufgabe, vielleicht doch ein wenig konkreter zu sagen und darüber nachzudenken, wie das denn nun ist mit den Hirten und den Schafen in einer Demokratie im Jahre 1975 an dieser Universität, am Beginn dieses Wintersemesters.

Als ich diesen Text zum ersten Mal las mit dem Gedanken, heute hier darüber zu predigen, stand ich noch ganz unter dem Eindruck der Studentenberatungen am Anfang dieses Semesters. Mir begegnete so viel echte Ratlosigkeit, so viel tiefe Resignation. Kaum einer, der tun kann, was er wirklich will. Nicht die eigene Initiative, der eigene Wille, die eigene Identität bestimmt die Planung für das Studium, sondern da ist so viel Fremdbestimmung und Zwang von anonymen Institutionen, in denen Computer herrschen und oft absurde und gespenstische Entscheidungen treffen. Und da sind wir nun in unserer Hirtenfunktion gefragt, und da sollen wir beraten. Was für Hirten sind wir denn, daß es soweit kommen mußte, was haben wir versäumt, daß wir in diese Situation gekommen sind? Diese Frage hat mich ungeheuer gequält. Und was für ein Hirte bin ich, der ich hier nun gefragt bin? Was für ein Hirte bin ich, daß ich nicht den Mut aufbringe, vorzuschlagen – wenn denn nun mal so schrecklich gespart werden muß, und das sieht ja jeder ein –, daß man uns Ordinarien die Gehälter kürzen möge, statt den Hilfskräften und statt die Preise für das Mensaessen heraufzusetzen. Aber ich habe den Mut nicht. Ich schiebe diese Hirtenfunktion von mir. Ich will lieber Schaf sein. Ich schreibe lieber einen wütenden Brief an den Kurator, weil man mir wieder einmal meine Lehr- und Forschungsmöglichkeiten beschnitten hat; ich blöke lieber schmerzhaft auf, weil ich mich schlecht geweidet fühle; ich schiebe die Hirtenfunktion den anderen zu, die sind doch die Hirten, sollen die doch entscheiden, wie sie ihre Mittel besser und sinnvoller verteilen.

Vielleicht geht es uns allen so, daß wir uns in den Verflechtungen dieser merkwürdigen Doppelrolle vorfinden, daß wir einerseits nach oben gucken, und da sofort eine ganze Menge von Hirtengestalten sehen, die uns nicht passen, die wir gern anders hätten oder die wir am liebsten gar nicht mehr sehen würden, die wir aber verantwortlich machen. Aber wenn wir ehrlich sind und vielleicht noch ein wenig selbstkritisch, dann entdecken wir sofort auch eine ganze Reihe von Menschen, denen gegenüber *wir* Hirtenfunktion einzunehmen hätten, und die etwas von uns erwarten, die zu uns aufschauen: Als das Kind zu den Eltern, als der jüngere Bruder, die kleinere Schwester, als der Student zum Tutor und Assistenten, als der Patient zum Doktor, als das Patenkind zum Patenonkel oder zur Patentante und wie immer wir das fortsetzen wollen. Menschen, denen wir vieles schuldig bleiben und manchmal alles schuldig bleiben.

Was sind wir für Hirten? Nicht wahr, dann bleibt uns der aggressive Prophetenspruch im Hals stecken?

Vielleicht stehen wir sogar in der Versuchung, diese Dialektik, daß wir immer zugleich Hirten und Schafe sind, aufzulösen. Lassen Sie uns das doch mal ein bißchen ausphantasieren:

Wenn wir alle Schafe wären, satte, zufriedene Schafe, denen niemand etwas schuldig bleibt, die auf den fetten Auen schrankenloser Bedürfnisbefriedigung weiden, von einem Horizont zum anderen, von gestern über heute bis in die Ewigkeit? Was wäre, wenn tatsächlich alle Eltern, die guten Hirten wären, von denen wir manchmal träumen, die ihren Kindern nichts schuldig bleiben? Würde überhaupt noch jemand erwachsen werden wollen? Wäre ein Anreiz da, aus dieser kindlichen Schafssituation herauskommen zu wollen? Wie wäre es, wenn es in unserer Welt und in unserer Gesellschaft keinerlei Frustrationsreize mehr gäbe, wie das Alexander Mitscherlich einmal genannt hat? Können wir tatsächlich im Ernst von sowas träumen? Liebe Gemeinde, ich möchte nicht zynisch sein, aber der Aspekt dieser Vorstellung eines Schlaraffenlandes der unbegrenzten Bedürfnisbefriedigung hat für mich viel, viel grausigere Aspekte als die gegenwärtige Wirklichkeit, in der es nun in der Tat allerdings viel Grausiges gibt.

Möchten Sie ernsthaft in einer Welt leben, in der Menschen mit Überzeugung und Inbrunst sagen: Helmut Schmidt ist mein Hirte, mir wird nichts mangeln? Aber vielleicht haben wir sowas ansatzweise oder ein Stück weit doch schon einmal versucht? Als die fetten Weiden des Wirtschaftswunders immer fetter wurden und es so aussah, als würde es uns immer besser und immer besser gehen? Als wir dann entdeckten, daß diese fetten Weiden sich als ein aufgelegter Schwindel erwiesen, weil sie den wahren menschlichen Hunger nicht stillen können, meldete sich zaghaft, allzu zaghaft das Wort von der wahren, von der wirklichen Qualität des Lebens. Aber aufgewacht sind wir erst, als sich am Horizont abzuzeichnen begann, daß es so nicht uferlos weitergehen würde. Und dann wurde wieder von den „Herrschenden" geredet, und dann wollten wir auf einmal alle nicht mehr Schafe sein, sondern alle Hirten.

Was wäre, wenn wir alle Hirten wären? Wenn die Zwiespältigkeit und die Dialektik unserer Existenz nach der anderen Seite hin aufgelöst würde? Sind wir tatsächlich bereit, die Verantwortung und die Kosten zu tragen? Sind wir bereit und reif für eine Demokratie der Hirten, wo tatsächlich jeder sein eigener „chairman" ist? Wenn wir das mal so als Spiel durchführen in einer Gruppe, merken wir ja, wie ungeheuer schwer das ist, sein eigener Vorsitzender zu sein und die eigenen Bedürfnisse selber zu regulieren. Hätten Sie den Mut, auch nur einem einzigen Menschen mit voller Überzeugung zu sagen: Ich bin dein Hirte, dir wird nichts mangeln? Ich nicht! Würden wir nicht zermahlen unter dem Zwang, den anderen gerecht zu werden?

Wenn wir alle Hirten wären, das wäre die Dämonie einer schrankenlosen Autonomie, so, wie die Vorstellung von der schrankenlosen Bedürfnisbefriedigung auch nur als Dämonie bezeichnet werden kann.

Immerhin, als Zielvorstellung hat ja so etwas Ähnliches in den Bildern, die von der Zukunft entworfen wurden, innerhalb der christlichen Überlieferung doch immer wieder eine Rolle gespielt. Ich denke an jenes Bild, das mich immer wieder so fasziniert, die Stadt Gottes, die am Ende der Tage da sein wird – nicht das Paradies der schrankenlosen Bedürfnisbefriedigung –, eine Sozietät, eine Stadt Gottes, in der es allerdings keinen Tempel mehr gibt. In der keine kultischen Veranstaltungen mehr zu sein brauchen, in der der Unterschied zwischen Herrschenden und Beherrschten eingeebnet ist, weil alle gleich unmittelbar zu Gott sind.

Vielleicht, liebe Gemeinde, können wir es nicht so ganz genau sagen, warum, aber wir fühlen, daß wir sehr, sehr viel ärmer wären, wenn wir nicht mehr sagen könnten: der Herr ist mein Hirte. Wenn wir immerzu sagen müßten: irgend jemand der augenblicklich Herrschenden ist mein Hirte oder wenn wir sagen müßten: ich bin dein Hirte.

Und nun möchte ich bewußt über diesen Text hinausgehen: Das Neue Testament gibt uns ja in der Tat eine Konkretion für die Vorstellung vom guten Hirten. Eine Konkretion, die allerdings alles, was wir mit dem Stichwort: „Herrschaft" assoziieren, relativiert und umgekehrt. Und deshalb ist die Vorstellung vom Hirten tatsächlich der stärkste kritische Einspruch immer gewesen gegen sich verfestigende Herrschaftsverhältnisse. Ein Hirte nämlich, der sein Leben läßt für seine Schafe, der Verlorenes sucht, der Verwundetes verbindet, der Zerschlagenes aufrichtet und heilt, der das Verirrte zurechtbringt. Nicht mit machtvollen Demonstrationen, auch nicht mit blendender Rhetorik, sondern mit der sehr leisen, aber unüberhörbaren Stimme der Liebe.

Ich möchte in einer Welt leben, in der ich das weiterhin sagen kann und darf: der Herr ist mein Hirte. Ich glaube nicht, daß uns dieses Sagen zu einer Ersatzbefriedigung werden muß. Ich glaube, daß es mich jedenfalls etwas gelassener machen wird, daß ich etwas weniger angstvoll in diesem Semester auf's Katheder steige, wenn ich dieses Gedicht im Herzen habe. Daß ich vielleicht etwas mutiger die Stimme erheben kann, wenn Unrecht geschieht. Und daß ich etwas treuer für die da bin, die etwas von mir erwarten. Vielleicht kann es dann geschehen, daß wir durch unser Leben und unser einfaches Dasein einem anderen Menschen diese Gewißheit, die dieses Gedicht verspricht, zusprechen können, wortlos vielleicht, durch eine Geste, einen Blick, eine Handlung der Liebe. Daß wir mit unserer Existenz anderen sagen: Der Herr ist dein Hirte, dir wird nichts mangeln.

Er weidet dich auf einer grünen Aue und führt dich zum frischen Wasser.

Er erquickt deine Seele, er führt dich auf rechter Straße um seines Namens willen

und ob du schon wanderst im finsteren Tal, fürchtest du doch kein Unglück,

denn er ist bei dir, sein Stecken und Stab trösten dich.

Er bereitet vor dir einen Tisch im Angesicht deiner Feinde.

Er salbet dein Haupt mit Öl und schenkt dir voll ein. Gutes und Barmherzigkeit werden uns folgen unser Leben lang und wir werden bleiben im Hause des Herrn immerdar. Amen.

Zu weit hinausgefahren?

Johannes 14, 23–31

Es gibt eine Geschichte, die ihren Verfasser sehr berühmt gemacht hat. Es ist eine recht alltägliche Geschichte, die Geschichte eines Mannes, den alle für einen chronischen Pechvogel und Versager halten und dem das versagt geblieben ist, was allein in unserer Gesellschaft gilt, nämlich Erfolg. So bleibt ihm nichts anderes übrig, als mehr zu riskieren. Er ist Fischer von Beruf und fährt mit seinem Boot weiter hinaus als je zuvor und tatsächlich, er fängt den Fisch seines Lebens. Es wird ein Kampf auf Leben und Tod zwischen dem alten Mann und dem Riesenfisch. Selbstachtung, Erfolg, Überleben, alles steht auf dem Spiel. Der alte Mann bleibt Sieger – zunächst. Dann aber umkreisen Haie sein Boot und fressen die Beute ab, Stück für Stück. Nach Tagen kommt der alte Mann heim – als geschlagener Mann, im Schlepptau des Bootes ein Fischgerippe. „Und was hat dich geschlagen?" dachte er. „Nichts", sagte er laut. „Ich bin zu weit hinausgefahren."

Sind wir zu weit hinausgefahren? Ich denke an den Abend mit einem amerikanischen Freund, den ich viele Jahre nicht gesehen hatte und der mich mit Tränen in den Augen fragte: Joe, warum sind wir so weit von zu Hause weggegangen?

Ich glaube, daß das die Frage von vielen Menschen ist, vielleicht auch heute hier sogar in dieser Kirche, eine Frage, die man sich vielleicht auch zu runden Geburtstagen stellt: Bin ich zu weit hinausgefahren? Habe ich mich unversehens zu weit entfernt von dem, was mir eigentlich Heimat und ureigenste Bestimmung sein sollte?

Ich glaube, daß dies eine uralte Frage ist, die die Menschen sich immer wieder gestellt haben und die eingefangen ist in wunderbaren alten Geschichten, Mythen und Symbolen. Der Mensch, der zu weit hinausgefahren ist und der hinausgreift über den ihm zugemessenen Raum und der die verbotene Frucht ißt vom Baum der Erkenntnis, der sein will wie Gott und so das Paradies verliert. Menschen, die sich einen Namen machen wollen und jenen Turm zu Babel errichten und Gott fährt herab und zerstört die Kommunikationsfähigkeit, indem er die Sprache verwirrt.

Sind wir zu weit hinausgefahren?

Im Unterschied zu Hemingways zu weit hinausgefahrenem Menschen, der nur die Möglichkeit des Selbstgespräches hat, werden dem Menschen, der nach dem biblischen Bericht zu weit über sich hinausgegriffen hat, konkrete Fragen gestellt. Ich habe den Eindruck, daß die Pfingstbotschaft uns helfen will, diese Fragen zu beantworten und ich möchte es einmal versuchen, diese Fragen aus der Paradiesesgeschichte zum Ausgangspunkt und zum Leitfaden meiner Pfingstpredigt zu nehmen.

Die erste Frage lautet: Mensch, wo bist du?

Der erste Impuls, wenn wir entdecken, daß wir zu weit hinausgefahren sind, ist Beschämung. Wir versuchen, uns zu verstecken. Das ist heute sicher noch genauso wie zur Zeit der Jahwisten. Es gibt nichts Peinlicheres, als sich zu weit hinausgewagt zu haben und damit – wie wir sagen – auf den Bauch gefallen zu sein, und wir reagieren in aller Regel so, daß wir uns zu verstecken suchen, daß wir uns verbergen hinter einer Maske, daß wir gleichsam erstarren und den anderen nicht mehr an uns heranlassen. Und dann ist die menschliche Kommunikation gestört, dann hocken wir ängstlich in den Verstecken unserer Rollen, die wir vielleicht dann um so perfekter zu spielen versuchen, aber je mehr wir versuchen, Herrgötter zu sein, um so mehr geht uns das Menschliche verloren.

Manchmal fragen wir uns gegenseitig in der vertrauten Atmosphäre eines Freundesgespräches: Mensch, wo bist du eigentlich? Aber oft winkt der andere ab: Ach laß nur, in die Tiefen meines Seelenversteckes vermag mir doch keiner zu folgen; und wir haben einen komplizierten Spezialberuf entwickeln müssen, den Psychotherapeuten, der in mühseliger, oft jahrelanger Wanderung die Labyrinthe der Seelenverstecke mit einem anderen abzuschreiten versucht.

Jesus fragt die Seinen auch: Mensch, wo bist Du, aber er fragt nicht wie der strafende Donnergott Jahwe, als die Einleitung zu einem Verhör, er fragt als einer, der die Seinen heimsuchen will. Im heiligen Geist kommen der Vater und der Sohn und begründen eine Wohngemeinschaft mit mir. Und seltsam, jetzt klingt die Frage Mensch, wo bist du, nicht mehr bedrohlich, nicht mehr beschämend, nicht mehr ängstigend. Ich brauche, ja, ich kann mich nicht mehr verstecken, denn dieser fragende Gott ist nicht mehr außen, sondern innen. Was mich mit ihm verbindet, ist nicht mehr Lohn und Strafe, sondern die Liebe.

Eines der erschreckendsten Bilder unserer Tage ist für mich immer wieder jenes, wo sich helm- und schildbewehrte Polizisten einerseits und Demonstranten andererseits, die ihre Gesichter hinter Masken und Tüchern verhüllen müssen, auf Reichweite gegenüberstehen und das spezifisch Menschliche, das Antlitz, ist nicht zu sehen und zu erkennen. Stacheldrahtbewehrte Mau-

110

ern müssen die errichten, die zu weit hinausgefahren sind, aber nicht in der Lage sind, das zuzugeben: in Ost-Berlin und vielleicht auch in Brockdorf.

Pfingsten heißt, die Wohngemeinschaft mit Gott aufnehmen. Ihn lieben und von ihm mich geliebt fühlen. Dann wird alles Versteckspielen sinn- und gegenstandslos. Ob diese Erfahrung dazu führen könnte, daß wir uns auch ein wenig mehr füreinander öffnen können?

Und umgekehrt: Ob die Erfahrung von menschlicher Gemeinschaft und Offenheit uns helfen könnte, ein wenig mehr zu ahnen, was das heißen könnte, Gott zu lieben und von ihm geliebt zu sein, für uns, die wir zu weit hinausgefahren sind und uns immer wieder so schwer damit tun, das einzugestehen.

Die zweite Frage aus dem Paradies lautet: Wer hat dir's gesagt, daß du nackt bist?

Es gibt viele Menschen, die halten diese Frage für die genialste Frage der Menschheitsgeschichte überhaupt. Wie komme ich als Mensch zum Bewußtsein meiner selbst? Was ist es, das mich immer wieder aus der träumenden Unschuld meiner eigenen Unbewußtheit herausreißt und mich nach mir selbst und nach meiner wahren Bestimmung fragen läßt? Eindrucksvoll war mir, wie der amerikanische Atomphysiker Oppenheimer über seine Beteiligung an der Entwicklung an der Atombombe schreibt. Das Problem erschien ihm zunächst „technologically sweet" – technisch reizvoll. Und erst lange nach dem Donner der ersten Versuchsbombe in der Wüste von Nevada erfolgte die lautlose, aber nicht minder erschütternde Explosion des Gewissens. „Auf einmal wußten wir, was Sünde ist. Was zuvor reizvoll, süß, erstrebenswert erschien, offenbart auf einmal seine dunklen und abgründigen Seiten, die es auch in sich birgt."

Wer hat dir eigentlich gesagt, daß du zu weit hinausgefahren bist? Ist es immer nur Versuch und Irrtum, die uns schlauer machen, oder ist nicht auch in uns jene warnende Instanz lebendig, die uns aufwachen läßt aus der „träumenden Unschuld" unserer Fluchtversuche zurück ins Paradies? Freilich um den Preis, daß wir quälend den Zwiespalt in der eigenen Seele empfinden, daß unser Herz erschrickt und sich fürchtet. Ich habe den Eindruck, daß es heutzutage genauso viele Menschen gibt, die sich vor den Abgründen und Zwiespältigkeiten der eigenen Seele fürchten, als es Menschen gibt, die sich vor Schicksalsschlägen fürchten. Was uns die Welt geben kann ist Vernunft, und wir wollen sie gewiß nicht verachten, aber kann sie mehr geben als bestenfalls verständige Resignation angesichts der erschreckenden Erkenntnis, zu weit hinausgefahren zu sein?

Der johanneische Jesus verspricht in seinen Abschiedsreden nicht in erster Linie Erkenntnis, sondern Frieden – seinen Frieden. Ich verstehe diesen

Frieden ganz wesentlich als die Heilung des Zwiespaltes in meiner eigenen Seele. Ich brauche dann vielleicht nicht mehr ängstlich zurückzustreben in die träumende Unschuld des Paradieses, sondern ich kann vorwärts gehen, von einer Klarheit zur anderen. Und dann kann mich dieser innere Friede vielleicht auch in die Wahrheit einführen, daß ich unerschrocken die Wahrheit über mich selbst ertragen lerne.

Pfingsten würde dann heißen, daß ich im Frieden die Wahrheit über mich selbst ertragen kann, daß die Spannung in mir selbst überwunden werden kann und daß ich damit auch in eine neue Beziehung zu den Menschen um mich hineinfinden kann. Ich brauche die unerkannten eigenen blinden Flecke und Dunkelheiten in mir nicht mehr nach außen zu wenden, auf den anderen zu projizieren und dort zu bekämpfen, sondern ich kann sie im eigenen Innern wahrnehmen und akzeptieren. So entsteht Friede, der höher ist als alle Vernunft, auch zwischen den Menschen.

Die letzte Frage aus der Paradiesesgeschichte lautet: Warum hast du das getan?

Ich glaube, daß dies eine der gefährlichsten Fragen ist, die es gibt, weil sie uns dazu verführt, uns selbst zu entschuldigen und andere zu beschuldigen: Das Weib, das du mir gegeben hast... Obwohl wir wissen, wie gering die Chance ist, daß diese Frage sinnvoll beantwortet werden kann, stellen wir sie immer wieder, an uns und an unsere Kinder – und sehen unsere pädagogischen Bemühungen an ihr scheitern, da sie doch so oft nur Verstockungen auslösen oder das, was wir gerne eine Rationalisierung nennen.

Immerhin ist diese Frage einmal sinnvoll beantwortet worden: Da bricht aus dem besorgten Herzen einer Mutter, der das Kind verloren gegangen war, diese Frage hervor, als man den Jungen endlich völlig überraschend gefunden hatte: „Mein Sohn, warum hast du uns das angetan?" Und der zwölfjährige Jesus im Tempel antwortet: „Wußtet ihr nicht, daß ich sein muß in dem, was meines Vaters ist?"

Zu Pfingsten werden wir gefragt, was denn die letzte und tiefste Motivation unseres Handelns sein kann, und es wird uns gesagt, daß Erinnerung ein Motiv für Handeln sein kann. Heiliger Geist hält unter uns die Erinnerung wach, an das was Jesus gesagt hat. Und umgekehrt: Alles, was uns an die Worte Jesu erinnert, ist gewirkt vom Heiligen Geist.

Es ist sicher richtig, daß die Prüfung der Geister eine wichtige Aufgabe in der Kirche gerade der Gegenwart sein muß. Aber wieviel Rechthaberei und Besserwisserei kann sich da einschleichen! Ich finde jedenfalls eine solch schlichte und einfältige Richtschnur befreiend, daß alles, was uns an die Worte Jesu erinnert, geistgewirkt sein kann und als Motivation unseres Handelns in Frage kommt. Eine solche Erinnerung kann manchmal fast verdeckt und versteckt erfolgen, aber wenn sie uns deutlich wird, dann trifft sie oft und vermag tatsächlich zu motivieren.

Vielleicht ist das Stichwort Motivation zu einer Art Modewort geworden, und es wirkt schon ein wenig komisch, wenn ein kleiner Steppke seinen Eltern oder Lehrern sagt: „Ik bin aber überhaupt nicht motiviert." Wenn wir das Wort aber einmal ganz wörtlich nehmen, heißt es: Aus innerer Bewegung heraus etwas tun. Wir müssen in unserem Alltag so entsetzlich viel aus äußerem Zwang tun, daß die Gelegenheiten selten geworden sind, wo wir tatsächlich etwas aus innerer Bewegung heraus tun können, und es besteht eine tiefe Sehnsucht danach, mehr Gelegenheiten dafür zu finden. Ich behaupte, daß das, was wir Lebensqualität nennen, entscheidend davon abhängt, ob wir das, was wir tun, aus innerer Bewegung heraus tun. Vielleicht ist die große Wirkung, die von einem Dichter wie von Dostojewskij ausgeht, darauf zurückzuführen, daß seine Gestalten so stark aus innerer Bewegung heraus handeln. Freilich wird bei ihm auch so klar, daß es eigentlich immer nur zwei Möglichkeiten gibt: Entweder ich handle aus einer dämonischen Bewegtheit heraus oder aus einer geistgewirkten Motivation. Ich frage mich, warum es so überaus klar ist, wenn eine Dostojewskijsche Gestalt wie die Sonja auf einen verurteilten Mörder zugeht und ihn küßt, warum wir das ohne weiteres für eine geistgewirkte Motivation halten, wenn aber eine Gruppe von Tübinger Theologiestudenten dem mutmaßlichen Mörder von Bundesanwalt Buback einen Blumenstrauß schickt, dann ist dies offenbar überhaupt nicht klar, sondern löst nur sehr zwiespältige Gefühle aus. Oder wenn ein Bischof wie Kurt Scharff in Berlin Ulrike Meinhoff in der Haft besucht, dann löst dies auch eine große Diskussion aus, ob so etwas zulässig ist.

Vielleicht hilft uns in solchen Fragen ein Kriterium weiter, das zu Pfingsten ja immer wieder betont werden darf, und das ist der Gesichtspunkt der Einheit und der Offenheit füreinander. Alles was spaltet und Zwietracht sät, ist nicht geistgewirkt. Wo aber das Motiv die Liebe, die Offenheit, das Verständnis ist, da wird vielleicht etwas spürbar von der Wohngemeinschaft mit dem Vater und dem Sohne, da wird etwas deutlich von dem Frieden, den die Welt nicht geben kann, da wird erinnert an das, was Jesus gesagt hat als die Grundlage unserer Motivation, auch – und gerade dann, wenn wir zu weit hinausgefahren sind, und wenn wir umkehren müssen, um die Zukunft zu gewinnen.

Joachim Scharfenberg · Seelsorge als Gespräch

Theorie und Praxis der seelsorgerlichen Gesprächsführung
2. Auflage 1974. 153 Seiten, kartoniert

Universitätsvorlesungen und -seminare liegen diesem systematischen Lehrbuch zugrunde. Es ist dort entstanden, wo die tiefe Theorie-Praxis-Krise der evangelischen Theologie in den letzten Jahren zu den heftigsten Auseinandersetzungen geführt hat. Jede Seite spiegelt die Spannung zwischen den Forderungen nach Theoriebezogenheit und Praxisnähe wieder. So ist dieses Buch auf kritische Leser zugeschnitten.

„Gesprächssituationen, wie sie sein sollen und wie sie nicht sein sollen, werden von Scharfenberg in hervorragender Weise systematisch dargelegt und besprochen. So bekommt der nicht tiefenpsychologisch geschulte Leser zweifellos eine ausgezeichnete Anleitung zur Gesprächsführung. Der Überblick, den Scharfenberg hier gibt, ist so abgewogen und vorzüglich, daß auch jeder Psychotherapeut dieses Buch mit großen Interesse lesen wird."   A. Jores in „Praxis der Psychotherapie"

Joachim Scharfenberg · Sigmund Freud und seine Religionskritik

als Herausforderung für den christlichen Glauben
4. Auflage 1976. 221 Seiten, kartoniert. (Sammlung Vandenhoeck)

Scharfenberg gibt eine fundierte Darstellung der Persönlichkeit und der Theorien Sigmund Freuds bis hin zum wenig beachteten „späten Freud"; er zeichnet das Bild eines Menschen, der sich selbst und seine Erfahrungen und Überlegungen einer anhaltenden Infragestellung unterzieht, und das sich überraschend von manchen von Vorurteilen und Mißverständnissen geprägten Klischeevorstellungen über Freud abhebt.   Dt. Pfarrerblatt

„Hier liegt endlich einmal eine Studie vor, die sowohl vom psychoanalytischen wie vom theologischen Standpunkt aus zu befriedigen vermag und die mit klaren Worten ausspricht, welchen Gewinn die Theologie haben kann, wenn sie bereit ist, die Herausforderung anzunehmen, die Freuds Religionskritik für sie bedeutet."
Kurt Niederwimmer in „Wege z. Menschen"

Joachim Scharfenberg
Johann Christian Blumhardt und die christliche Seelsorge heute

1959. 123 Seiten, broschiert

„In neuerer Zeit zeigt sich die Medizin in steigendem Maße an Blumhardt interessiert wegen seiner Glanzheitsschau, die den wesentlichen Zusammenhang von Vergebung und Heilung richtig erkennt. Von daher sieht Scharfenberg Blumhardt als Seelsorger im Kampf mit dämonischer Wirklichkeit und weiß Wege und Ziele der Seelsorge umfassend darzustellen. Hier ist viel zu lernen."   Bücherbrief

VANDENHOECK & RUPRECHT · GÖTTINGEN UND ZÜRICH

Wege zum Menschen

Monatszeitschrift für Arzt und Seelsorger, Erzieher, Psychologen und soziale Berufe
Organ der Evang. Konferenz für Familien- und Lebensberatung der deutschen
Gesellschaft für Pastoralpsychologie e. V. (DGfP) und der Konferenz für evangelische Krankenhausseelsorge.
Herausgegeben von: Franz Böckle, O. Haendler, Liesel-Lotte Herkenrath, A. Köberle, W. Loch, K. Niederwimmer, R. Riess, D. Rössler, J. Scharfenberg, G. Scheunert, Eva-Renate Schmidt.

Die Zeitschrift umfaßt u. a. die Gebiete: Aufgaben der Seelsorge, Arzt und Seelsorger, Psychologie und Pädagogik, Psychologie und Seelsorge, Der Mensch in unserer Zeit, Glaube und Meditation, Vom biblischen Menschenbild, Wissenschaft und Forschung, Aus der Praxis – für die Praxis, Tagungen und Vorträge.
Bezugsbedingungen: Jährlich 512 Seiten. Preise auf Anfrage. Probeheft kostenlos.

Lebensberatung praktisch. Das erste Lexikon, das Theologie und Humanwissenschaften verbindet:

Praktisches Wörterbuch der Pastoralanthropologie

Herausgegeben von L. G. Griesl, J. Scharfenberg u. a.
XXIV Seiten, 1228 Spalten, Leinen (gemeinsam mit dem Verlag Herder, Wien)

164 Mitarbeiter aus allen einschlägigen Fachgebieten haben die Artikel und Literaturhinweise zu über 1100 Stichwörtern beigesteuert. Sie wenden die Einsichten ihrer jeweiligen Wissenschaft auf den unter Krankheiten und Konflikten leidenden Menschen der Gegenwart an und führen durch die Ausweitung auf alle anthropologischen Perspektiven über die traditionellen Konzeptionen von „Pastoralmedizin" und „'theologie" bzw. „Seelsorge" hinaus. Sie sprechen den Praktiker an und verzichten daher auf dezidierte Fachsprache oder stellen sie in weitere, auch dem Nichtfachmann verständliche Zusammenhänge.

„Was man auch immer an Begriffen und Sachgebieten innerhalb der Pastoralpsychologie herausgreift, es ist alles anzutreffen. Dabei wirkt sich die fachliche und ökumenische Breite des Herausgeberkreises in jedem Falle nur günstig aus. Die Anschaffung dieses Buches als Nachschlagewerk und zur Wissenserweiterung ist dringend allen denen anzuempfehlen, die sich wirklich mit Seelsorge in unserer Zeit beschäftigen wollen."   Hans-Joachim Thilo

VANDENHOECK & RUPRECHT · GÖTTINGEN UND ZÜRICH